AI
특허 전략

AI PATENT STRATEGY

윤태성

박영사

들어가며
AI로 무엇을 바꿀 수 있을까?

AI를 활용하면 불편한 곳을 편하게 바꾸고 비효율적인 작업을 효율적으로 바꿀 수 있다. 이런 사실은 알고 있지만 AI를 어디에 활용해서 무엇을 바꿀지 과제를 찾기는 쉽지 않다. AI로 무엇을 바꿀 수 있을지 알고 싶다면 질문을 해야 한다. AI 시대에 발명가에게 필요한 단 하나의 능력을 고르라면 그건 바로 질문이다. 다양한 관점에서 질문하고 답을 찾으면서 과제를 정의한다. 과제를 정의할 수 있으면 과제를 해결하는 수단은 얼마든지 찾을 수 있다.

과제를 정의하고 해결 수단을 찾는 아이디어는 발명으로 진화한다. 선행기술보다 더 나은 효과를 기대할 수 있는 아이디어는 발명이라 한다. 발명을 법으로 보호하는 제도가 바로 특허다. 특허는 엄청난 발명에서 시작되지 않는다. 평소에 느끼는 불편함이나 비효율을 개선하는 작은 과제에서 출발한다. AI 기술을 잘 몰라도 괜찮다. 특허법을 몰라도 상관없다. 과제를 정의하고 해결하는 사고방식이 중요하다.

AI 시대에 발명은 더 이상 전문가의 전유물이 아니다. 과거에는 연구소나 대기업에서 전문가들이 특허를 출원했다. 지금은 누구라도 발명하고 특허를 출원할 수 있는 시대다. 누구나 AI 특허를 출원하고 활용해서 새로운 가치를 만들 수 있다. AI 특허를 출원하고 등록하는 과정은 매우 어렵게 느껴진다. 하지만 뜻이 있는 곳에 길이 있다고 했다. AI도 모르는데 어떻게 AI 특허를 출원하냐며 처음부터 포기하면 안 된다. 저자는 교육자의 경험을 바탕으로 누구나 AI 특허의 발명자가 될 수 있다는 사실을 깨달았다.

본서는 AI 특허를 출원하고 새로운 가치를 창조하려는 발명자에게 최적화된 전략서이다. AI 특허를 출원하고 활용하는 방법을 알기 쉽게 설명한다. AI 기술 서적은 기술에 집중한다. 특허 서적은 특허법이나 특허 이론에 집중한다. 이에 비해 본서는 AI 특허를 출원하고 활용하는 큰 흐름을 설명한다. 작은 흐름이 끝날 때마다 독자는 질문에 답하면서 특허의 모습을 갖춘다.

특허는 세계 어느 국가에도 출원할 수 있다. I부에서는 과제를 정의하고 아이디어를 생성하는 방법을 설명한다. 아이디어는 양이 중요하다. 많은 아이디어가 있으면 그중에 좋은 아이디어가 있다. II부에서는 특허를 출원하는 과정을 설명한다. 법조문이 아니라 평소에 사용하는 일상 용어로 설명한다. III부에서는 특허를 어떻게 활용하는지 설명한다. 특허는 출원과 등록만이 아니라 유지에도 비용이 들어간다. 특허는 돈 먹는 하마가 아니라 돈 만드는 방망이가 되어야 한다.

부록에서는 본문에 등장한 모든 질문을 복기하고 간단한 대답이나 힌트를 제시했다. 본서를 처음부터 읽지 않고 질문부터 보아도 된다. 질문만 보아도 과제 정의에서 특허 활용에 이르기까지 어떤 노력이 필요한지 알 수 있기 때문이다. 질문과 대답을 보면 맥락에 의존하는 부분이 크다는 사실도 알 수 있다. 이는 특허의 특징에 기인한다. 특허는 인간이 발명하고 인간이 심사하는 제도다. 인간이 주도하는 고도의 지식 행위이기 때문에 이론이나 법규로 명확하게 판단하기 어려운 경우가 많다. 이런 특징에 맞추어 질문과 대답을 참고해야 한다.

AI 시대에 AI 특허는 가장 기본적인 지식재산이다. AI 특허를 출원하려면 아래 절차를 따르면 좋다.

* 발명 그룹을 만든다: 세 명이나 네 명 정도의 구성원으로 그룹을 만든다.
* 각자 아이디어를 생성한다: 해결하려는 과제를 정의하고 해결하는 수단을 제시한다.
* 상호 평가한다: 구성원들이 상대방의 발명 내용을 평가한다.
* 전문가와 상담한다: 발명의 핵심 내용에 관해 전문가의 평가를 받는다.
* 가출원한다: 발명이 완벽하지 않아도 우선권을 확보한다.
* 유스 케이스를 작성한다: 발명을 활용하는 방법을 구체적으로 작성한다.
* 특허에서 새로운 가치를 만든다: 특허에서 새로운 가치를 만드는 방법을 고안한다.

본서는 일상적으로 발명하고 특허를 출원하는 시대에 걸맞게 AI 특허를 출원하고 활용하는 방법을 전수하는 안내서이다. 누구나 아이디어를 만들고 특허 등록할 수 있다. 특허는 목표가 아니라 출발이다. 특허로 새로운 가치를 만들자. AI 특허의 발명자가 되어 세상을 좋게 바꾸어 보자.

차례

I / 아이디어를 생성한다

III / 가치를 확장한다

(I)

아이디어를 생성한다

아이디어를 생성한다
아이디어를 평가한다

아이디어를 생성한다

1. 과제를 정의한다

1) 과제의 현재 상태를 정의한다

AI 특허를 출원하려면 먼저 AI를 알아야 할까, 아니면 특허 제도를 알아야 할까? AI를 공부한 적이 있으면 자신이 가진 지식의 깊이를 생각한다. 이 정도 지식으로 과연 AI 특허를 출원할 수 있을지 우려한다. 특허 제도를 먼저 알아야 한다면 관심이 사라지고 지루해진다. 변리사에게 의뢰하면 된다고 여기기 때문이다. AI를 공부한 적이 없고 특허 제도도 모르면 AI 특허 출원을 처음부터 포기한다.

저자의 답은 AI도 아니고 특허도 아니다. AI 특허를 출원하고 싶다면 가장 먼저 과제 정의에서 시작해야 한다. 필요는 발명의 어머니라는 격언을 떠올리자. AI 지식과 특허 지식은 우선순위가 뒤로 밀린다.

과제는 처음에는 솜사탕과 같다. 경계선은 애매하고 내용도 명확하지 않다. 스스로 생각해도 앞뒤가 맞지 않고 논리도 엉망이다. 처음에는 막연하지만 많이 생각하고 계속 생각하면 과제는 점점 차돌처럼 단단하게 변한다. 과제의 경계선이 분명하게 드러나고 무엇을 하고 싶은지 내용은 명확해진다. 과제를 해결하는 논리도 구체적으르 드러난다. 과제는 점점 특허를 향해 진화한다.

과제 정의는 일상에서 느끼는 불편한 점이나 효율적이지 않은 상황을 인식하는 작업에서 시작한다. 일상을 되돌아보면서 무엇이 불편한지 생각한다. 평소에 비효율적이라고 생각한 부분을 찾는다. 무엇이 불편하고 무엇이 비효율적인지 인식하는 순간에 과제 정의가 시작된다. 불편함을 편리함으로 바꾸고 비효율을 효율로 바꾸는 과제다.

같은 상황을 보면서 오직 당신만 불편함을 느끼고 오직 당신만 비효율적이라고 느낄 수 있다. 만약 그렇다면 당신은 속으로 쾌재를 불러야 한다. 세상에 없는 과제를 만들 가능성이 크기 때문이다. 좋은 과제를 만들고 싶다면 먼저 많은 과제를 인식해야 한다.

① 무엇이 불편한가?

일상을 관찰하면 평소에 불편하다고 느끼는 점이 드러난다. 생활이 어려울 정도로 불편하다면 누구나 인식하고 어떻게든 개선하려고 노력한다. 그 정도는 아니지만 그래도 개선하면 좋겠다고 여기는 정도의 불편은 많이 있다. 예를 들어, 엘리베이터를 타고 원하는 층으로 이동하려면 버튼을 눌러야 한다. 만약 당신이 양손에 무거운 짐을 들고 엘리베이터를 탄다면 버튼을 누르기 힘들 터이다. 짐을 바닥에 내려놓거나 다른 손으로 옮겨서 한쪽 손을 자유롭게 만들어야 한다. 이렇게 불편한 방법을 쉽고 간단하게 개선할 수 있을까? 어느 정도 과제의 윤곽이 드러나면 당신은 여러 개의 아이디어를 직관적으로 생각할 수 있다. 예를 들어, 음성으로 버튼을 조작하는 아이디어가 있다. 퇴근하고 귀가하는 길이라면 버튼을 누르지 않고 얼굴인식만으로 엘리베이터가 이동해도 좋겠다. 이외에도 많은 아이디어를 만들 수 있다. 공상과학영화에서 본 장면을 떠올려도 좋다. 이처럼 머릿속에서 계속 떠오르는 아이디어를 나열한다.

이 단계에서는 구체적인 기술은 몰라도 좋다.

불편한 점에서 과제를 발견하려면 당신의 일상을 꼼꼼히 되돌아보면 된다. 다음 질문에 스스로 대답하면서 과제를 발견해 보자. 아이디어가 떠오르거나 명확하게 대답할 수 있으면 □에 √ 표시한다.

- □ 하루에 몇 번씩 사용하는데도 여전히 사용법이 어려운 물건이 있나?
- □ 두 손을 동시에 사용해야만 하는 물건이 있나?
- □ 너무 길거나 너무 짧아서 사용하기 불편한 물건이 있나?
- □ 너무 무겁거나 너무 가벼워서 사용하기 불편한 물건이 있나?
- □ 시간이 너무 오래 걸리거나 너무 짧아서 사용하기 불편한 물건이 있나?

② 무엇이 비효율적인가?

일상에는 효율과는 상관이 없는 사례도 많다. 예를 들어, 유명한 맛집에는 문을 열기도 전에 미리 가서 몇 시간 동안 줄을 서서 기다린다. 희귀한 제품이 출시되면 며칠 전부터 매장 앞에 긴 행렬이 생긴다. 이름하여 오픈런이다. 오픈런은 대기한 순서대로 제품을 구매할 수 있기 때문에 매장 입장에서는 매우 공평한 방법이다. 더군다나 오픈런은 광고효과도 탁월하다. 매장 앞에 긴 줄이 생기면 지나가는 사람들이 궁금해하며 화제가 된다. 하지만 고객 입장에서는 비효율적이다. 일정이 맞지 않거나 체력이 약한 사람은 몇 시간씩 줄을 서지 못한다. 매장도 만족하고 고객도 만족하면서 줄을 서지 않고 대기 순서를 정하는 방법은 없을까? 대기 시간을 줄이거나 아예 없앨 수 있는 아이디어라면 매장만이 아니라 기계공장이나 온라인 사이트에도 적용할 수 있다.

기업이나 조직에서도 비효율적인 사례는 매우 많다. 예를 들어, 공장의 조립 라인에 부품이 너무 일찍 도착하면 불필요하게 많은 재고를 보유하고 관리해야 한다. 너무 늦게 도착하면 일정대로 작업을 진행할 수 없고 생산성이 낮아진다. 넓은 작업장에서 작업자가 이동하는 동선이 너무 복잡하거나 불필요한 이동이 많다면 역시 생산성이 낮아진다. 업무 배분에 과도한 중복이 있거나 누락이 있어도 곤란하다. 업무 매뉴얼이 애매하면 품질 유지가 어렵다. 같은 서류를 여러 번 반복해서 작성해도 시간과 노력의 낭비다.

□ 일상에서 의미 없이 반복하는 활동이 있나?

□ 하루에 가장 많은 시간을 사용하는 활동은 무엇인가?

□ 가장 돈이 아깝다고 느끼는 활동은 무엇인가?

□ 얻는 성과에 비해 너무 많이 노력해야 하는 활동은 무엇인가?

□ 너무 많은 자원을 낭비하는 활동은 무엇인가?

2) 과제를 해결한 후의 상태를 정의한다

어느 날, 당신의 스마트폰으로 "돈을 빌려 달라"는 메시지가 왔다. 보낸 사람은 친한 친구다. 이 메시지는 정말 친구가 보냈을까? 아니면 피싱일까? 피싱은 상대방을 속여서 개인 정보를 빼내거나 돈을 갈취하는 사기 수법이다. 친구가 급해서 돈을 빌려 달라고 할 수도 있다. 혹은 사기꾼일 수도 있다. 메시지를 받고 나서 당신이 취할 수 있는 행위는 몇 가지로 한정된다.

친구라고 생각하고 전화를 걸어 사정을 듣는다.

친구라고 생각하고 돈을 이체한다.

피싱이라고 생각하고 메시지를 무시한다.

피싱이라고 생각하고 상대방을 차단한다.

어떤 행위를 하든 당신 마음은 불편하고 불안하다. 이런 문자가 오면 피싱인지 아닌지 알 수 있으면 좋겠다. 스마트폰 화면에 "피싱 가능성이 크니 주의하세요"라는 경고가 뜬다면 피해를 예방할 수 있다. 한발 더 나아가서, 당신에게 경고하는 방식은 당신이 있는 장소에 따라 다르게 설정하면 좋겠다. 자동차를 운전하는 중이라면 큰 소리로 경고음을 낸다. 카페에서 스마트폰을 만지고 있다면 화면을 검게 해서 문자를 감춘다. 회의 중이라면 진동으로 경고한다. 통신사에서는 피싱 문자가 오지 않도록 발신 번호를 차단한다. 통신사가 자동으로 피싱 문자를 경찰서로 전송하고 피싱 범죄를 신고하면 좋겠다.

- ☐ 지식이나 경험이 없어도 사용할 수 있나?
- ☐ 행위를 한 번만 하면 결과물을 여러 곳에서 공유할 수 있나?
- ☐ 자원을 최적으로 사용하는가?
- ☐ 시작과 끝은 조건이 항상 일정한가?
- ☐ 인간을 대신해서 기계가 할 수 있나?

2. 과제를 해결하는 아이디어를 생성한다

1) 아이디어에는 제한이 없다

과제를 정의한 후에는 과제를 해결하는 아이디어를 생성해야 한다. 아이디어에는 제한이 없다. 예를 들어, 겨울에 난방 효과를 올리려면 보온성이 좋은 옷을 만들겠다는 아이디어도 좋다. 건물에 진공 단열재를 사용해서 실내 온도를 높이겠다는 아이디어도 가능하다. 시장에서 팔고 있는 제품을 구매하는 아이디어도 좋고 이미 공개된 기술을 그대로 사용한다는 아이디어도 좋다. 실현 가능성이나 기술은 나중에 검토해도 된다. 윤리 문제나 법적 제약도 고려하지 않는다. 불편을 감소시키기 위해 아예 해당 서비스를 없애겠다는 아이디어도 가능하다.

아이디어를 만드는 단계에서는 간단한 개념만 제시해도 된다. 아이디어를 만들기 위해 많이 사용하는 방법으로 브레인스토밍이 있다. 여러 명이 모여서 아무런 제약 조건도 주지 않고 아이디어를 무제한으로 만들고 토론한다. 아이디어를 어떻게 구현하는지 제한이 없으며 아무도 비난하지 않는 환경에서는 누구나 직관적으로 아이디어를 만들 수 있다. 참신하거나 창의적이지 않아도 상관없다. 아이디어를 만드는 단계에서는 얼마나 많은 아이디어를 만들었는지 숫자가 중요하다. 창의적인 아이디어 하나보다 평범한 아이디어 백 개가 더 중요하다. 처음에는 창의적이라고 생각했던 아이디어가 나중에 보니 실현 가능성이 없거나 평범하다며 버려지는 사례가 대부분이다. 하지만 아이디어가 백 개 있다면 여기에서 창의적인 아이디어가 나올 수 있다. 여러 개의 아이디어를 결합하거나 변화를 주면 새로운 아이디어로 이어지기 때문이다.

□ 아이디어는 몇 개 만들었나?
□ 아이디어 숫자를 늘리기 어려운가?
□ 아이디어를 만드는 환경은 적절한가?
□ 아이디어를 여러 명이 함께 만드나?
□ 아이디어의 실현 가능성은 언제 평가하면 좋을까?

2) 기술 융합 관점에서 생각한다

AI는 전기나 인터넷처럼 범용 기술로 사용된다. AI는 사물인터넷, 가상현실, 드론, 로봇과 같은 다양한 기술과 융합해서 과제를 해결한다. 예를 들어, 공장에 있는 모든 기계에 사물 인터넷 센서를 부착하고 기계 가동 데이터를 수집한다. 어떤 기계가 언제 고장 날지 예측할 수 있으면 공장 가동률을 올릴 수 있다. 자율주행차에 운전자를 감시하는 기술을 융합하면 운전자가 졸음 운전하는 위험을 방지할 수 있다.

AI와 사물 인터넷을 융합한다.

사물 인터넷은 다양한 사물을 유무선 통신과 네트워크 인프라를 통해 연결한다. AI는 센서에서 얻은 데이터를 분석해서 새로운 가치를 창조한다. 사물 인터넷에는 통신, 보안, 센서, 플랫폼 기술이 필요하다. 기반 기술로는 저전력 네트워킹, 센서 데이터 최적화, 저전력 임베디드 기술, 새로운 전력 공급 및 저장 기술, 저가격 저전력 프로세서 기술이 있다. 사물 인터넷과 관련된 하드웨어와 소프트웨어는 특허가 된다. AI와 사물 인터넷이 융합하는 분야는 헬스케어, 홈케어, 자동차, 교통, 건설, 농업, 환경, 게임, 에너지, 안전을 포함해서 매우 넓다.

예를 들어, AI와 사물 인터넷을 융합한 사례로 수면 관리 시스템이 있다. 침대에 부착된 센서는 인간이 수면을 취하는 동안 심박수나 호흡과 같은 생체 데이터를 수집한다. 여기에 더해 실내 온도와 습도 같은 환경 데이터를 수집한다. 수집된 데이터를 통합해서 AI 모델이 학습하면 특정인의 수면 상태를 분석할 수 있다. 예를 들어, 새벽 2시에 깊은 수면에 들 확률 70퍼센트라는 식이다. 학습 결과에 따라 실내 온도와 습도를 조정하는 등 개인화된 환경을 제공할 수 있다.

스마트 농업 시스템도 있다. 데이터에 기반한 실시간 정밀 농업이 가능하다. 사물 인터넷은 농장에 배치된 다양한 센서를 통해서 실시간으로 데이터를 수집한다. 습도 센서와 온도 센서를 이용해서 토양의 수분 함량을 평가하는 식이다. 모든 데이터는 무선 네트워크를 통해서 클라우드 플랫폼에 저장하고 공유한다. AI 모델은 데이터와 날씨를 학습하고 작물의 성장 패턴을 예측한다. 예측 결과에 따라 비료를 주거나 농약을 뿌리는 시점을 결정한다.

AI와 블록체인을 융합한다.

블록체인은 데이터를 블록 단위로 묶고 시간 순서대로 체인처럼 연결해서 분산 저장하므로 위변조를 방지할 수 있다. AI와 블록체인이 융합하는 방법은 다양하다. 예를 들어, 새로운 블록이 기존 블록과 연결될 때 전체 블록의 데이터 변조와 탈취를 막는다. 참여 노드를 분산해서 해킹을 방지한다. 거래 인증과 증명을 실시간 처리하고 거래 기록의 신뢰성을 높인다. 오류와 실수를 관리하고 수정한다. 이외에도 거래 데이터 인증, 거래 데이터의 분산에 따른 해킹 방지, 네트워크 참여자들의 실시간 거래 모니터링, 거래 투명성 및 부인 방지를 위한 방법이 가능하다.

블록체인은 데이터 저장, 데이터 암호화, 노드 분산, 해킹 방지, 제품 거래 시스템, 실시간 거래 시스템, 실시간 거래 속도 향상, 오류 수정 기술, 인증 시스템, 모니터링 효율화 기술, 거래 투명성 기술, 거래의 자기 부인 기술이 주목받는다.

일반적인 시스템은 클라이언트 서버의 중앙 네트워크 방식인데 블록체인 시스템은 클라이언트와 서버를 분리하는 분산 네트워크 방식이다. 분산 네트워크 방식은 중앙 네트워크 방식에 비해 거래 처리 속도가 늦고 확장이 어렵다. 참여자가 늘어나면 합의 도달 시간이 증가한다. 이런 과제 해결에 AI와 융합할 수 있다.

예를 들어, 공급망 최적화 시스템이 있다. 블록체인은 생산, 운송, 유통을 포함한 공급망의 각 단계를 블록 단위로 기록하여 위변조를 방지한다. 분산 노드에 위치한 공급자, 소비자, 물류기업은 데이터를 공유한다. 거래 인증과 결제는 스마트 계약으로 처리할 수 있다. 제품이 어디서 어디로 이동했는지 모든 이력은 체인에 영구히 저장된다. AI 모델은 블록체인 네트워크의 거래 데이터를 분석한다. 네트워크에 걸리는 부하를 예측한 후에 거래 우선순위를 동적으로 조정한다. 합의 알고리즘을 최적화하면 중앙화된 서버가 없어도 분산 네트워크의 병목 현상을 줄일 수 있다.

다양한 AI 기술을 융합한다.

AI 기술은 매우 다양하다. 아이디어를 만들려면 어떤 AI 기술이 있는지 알아야 한다. AI 모델이나 알고리즘의 한계를 보완하기 위해 여러 개의 AI 기술을 융합한다. 많이 사용하는 기계학습은 데이터를 이용해서 기계를 학습시키는 기술이다. 논리나 규칙을 이용해서 데이터의 상관관계를 파악하며 패턴을 발견한다. 인간처럼 생각하고 추론할 수 있는 능력을 지향한다. 기계학습의 일종인 심층학습은 인간의 신경망을 모방하는 기술이다. 신경망을 여러 층으로 나누며 각 층에서 필요한 값을 학습으로 얻는다. 데이터를 학습해 패턴을 분석하고 의미를 발견하는 과정을 모두 기계가 실행한다. 여러 개의 결과를 예측하고 확률이 높은 결과를 선택한다. 자연어 처리는 인간이 사용하는 언어를 컴퓨터가 이해하며 인간처럼 말하고 쓸 수 있는 기술이다. 자료를 검색하고 질문에 대답하거나 문서를 번역한다. 이미지 인식은 피사체가 무엇인지 인식하는 기술이다. 인간의 눈에 보이지 않는 파형도 인식한다.

음성 인식은 인간이 말하는 음성을 이해하는 기술이다. 패턴 인식은 도형이나 문자의 패턴을 구분한다.

예를 들어, 자율주행 자동차 시스템에는 다양한 AI 기술이 융합된다. 기계학습과 심층학습은 주행 데이터를 학습하고 패턴을 발견하면 미래에 어떤 상황이 생길지 예측할 수 있다. 심층학습의 다층 신경망은 복잡한 상관관계를 처리한다. 이미지 인식은 카메라와 라이다에서 수집한 데이터를 분석해서 도로 표지판이나 보행자와 같은 패턴을 실시간으로 인식한다. 음성 인식은 대화형 인터페이스를 통해 실시간으로 피드백한다.

- ☐ AI와 사물 인터넷을 융합하면 어떤 과제를 해결할 수 있는가?
- ☐ AI와 블록체인을 융합하면 어떤 과제를 해결할 수 있는가?
- ☐ AI의 세부 기술을 얼마나 다양하게 융합하는가?
- ☐ AI가 융합하기 어려운 기술은 무엇인가?
- ☐ AI와 다른 기술을 융합하면 이를 구현하는 하드웨어는 무엇인가?

3) 데이터 관점에서 생각한다

AI와 데이터는 마치 동전의 양면과 같다. 미래를 예측하고 개인화를 추진하기 위해 데이터를 어떻게 수집하고 어떻게 처리하며 어디에 활용할지에 관한 아이디어를 만든다. 데이터는 수치나 표처럼 정형화된 데이터도 있고 이미지, 음성, 영상, 텍스트와 같은 비정형 데이터도 있다. 지금까지 활용하지 않던 데이터를 분석해서 새로운 가치를 창출하는 아이디어도 좋다. AI 학습용 데이터를 자동으로 생성하는 방법이나 데이터를 익명화해서 개인정보를 보호하는 아이디어도 좋다.

데이터는 변수와 파라미터에 주의할 필요가 있다.

* 변수Variable는 데이터를 저장하거나 나타내는 동적인 값이다. 모델의 입력 데이터나 출력 데이터처럼 동적으로 변한다. 변수는 모델 외부에서 제공되거나 모델 내부에서 생성된다. 퇴사 확률을 예측하는 발명이라면 입력 변수는 사원의 나이, 근속 연수, 직무 만족도 점수, 초과근무 시간 등이 포함된다. 출력 변수는 퇴사 확률이다.

* 파라미터Parameter는 모델의 동작을 정의하거나 학습 과정을 통해 최적화되는 값이다. 퇴사 확률을 예측하는 발명에서는 기계학습 모델의 가중치나 설정값을 의미한다. 예를 들어, 파라미터 1은 근속 연수의 가중치를 나타내고 파라미터 2는 직무 만족도의 가중치

를 나타낸다는 식이다. 하이퍼 파라미터는 학습 단계에서 학습모델의 구조와 학습 방법을 사용자가 직접 설정하는 값이다.

정신 건강 모니터링 시스템은 어떤 데이터를 사용할까? 우울증을 조기 예측하려면 심박수나 수면 시간과 같은 정형 데이터와 음성과 같은 비정형 데이터를 융합해야 한다. 정형 데이터는 스마트폰 앱이나 스마트워치를 이용해서 실시간으로 수집할 수 있다. 비정형 데이터는 음성 녹음이나 소셜 미디어에 올린 글을 분석해서 감정의 변화를 확인한다. 데이터 처리를 위해 AI가 데이터를 정규화한다. 데이터가 부족하면 익명화된 합성 데이터를 생성해서 학습 데이터의 양을 늘린다. 이 시스템에서 변수와 파라미터는 다음과 같다.

* 입력 변수: 나이와 성별을 포함한 기초 데이터, 심박수와 같은 생체 데이터, 소셜 미디어에서 사용하는 긍정적인 단어 비율과 같은 행동 데이터
* 출력 변수: 우울증 발병 확률
* 파라미터 1: 근속 스트레스 가중치
* 파라미터 2: 음성의 감정 가중치
* 하이퍼파라미터: 사용자가 초기 설정하고 AI가 튜닝

□ 데이터 전처리에 관한 아이디어인가?

□ 데이터 품질 향상을 위한 아이디어인가?

□ 개인정보를 보호하는 아이디어인가?

□ AI는 데이터를 학습해서 어떤 과제를 해결할 수 있을까?

□ AI는 비정형 데이터를 활용하는가?

4) 특허 관점에서 생각한다

아이디어에는 한계가 없고 많은 아이디어를 생성할 수 있다. 하지만 문제가 있다. 아무리 창의적이고 기발한 아이디어라도 보호할 방법이 마땅치 않다. 아이디어는 저작권이나 상표처럼 법의 보호를 받기 어렵다. 그러다 보니 다른 사람의 아이디어를 모방해도 아무 문제가 없다. 당신이 생각한 아이디어를 다른 사람이 모방해도 그러지 말라고 요구할 수 없다.

아이디어를 법으로 보호하려면 특허로 등록해야 한다. 특허권자는 아이디어를 독점해서 사용할 수 있다. 특허권자의 허락 없이 특허를 사용하면 특허 침해 소송을 제기하고 손해배상을 청구할 수 있다. 특허를 염두에 둔다면 아이디어를 만드는 방법이 달라져야 한다. 아이디어에서 끝나지 않고 특허로 이어지려면 다음 질문에 답해야 한다.

구체적인 기술을 제시하는가?

개념만 제시하는 아이디어는 추상적이라는 이유로 특허가 되지 않는다. 예를 들어, 주가를 예측하기 위해 AI를 이용한다는 정도의 아이디어라면 이대로는 특허가 되지 않는다. 특허로 이어지려면 학습 데이터를 어떻게 수집하고 어떤 데이터를 어떻게 처리하는지 구체적인 방법을 제시해야 한다. 개념에 불과한 아이디어가 아니라 기술을 이용한 해결 수단을 구체적으로 설명해야 한다. AI 모델을 어떻게 학습시킬지에 관한 기술을 제시해야 한다.

아이디어는 알고리즘과 시스템에 의해 실제로 작동하거나 작동할 가능성이 있다는 점을 설명해야 한다. 프로토타입이나 시뮬레이션을 통해 작동 가능성을 제시할 수도 있다. 특허는 추상적이고 개념에 불과한 아이디어가 아니라 구체적이며 구현할 수 있는 기술이 필요하다. 학습 데이터의 특징, 모델 구조, 최적화 방법을 충분히 설명할 수 있어야 한다.

선행기술보다 더 나은 기술인가?

AI는 매우 빠르게 진화하므로 최신 연구와 기술 동향을 반영해야 한다. AI 특허를 위한 아이디어에는 윤리, 기술, 법 등 고려할 요소가 많다. 데이터 프라이버시, 알고리즘 편향, 윤리 문제도 고려해서 아이디어를 만든다. 윤리 문제를 해결하는 기술은 특허가 될 수 있다.

아이디어는 선행기술과 비교한다. 아이디어에서 제시하는 기술이 선행기술과 어떻게 다르며 얼마나 진보했는지 입증해야 한다. 기술의 정확도, 처리 속도, 메모리 효율성 등 정량 지표를 선행기술과 비교한다. 컴퓨팅 자원, 데이터 수집, 학습 시간, 하드웨어 요구 사항 등 구현을 위한 제약 조건도 비교 대상이다. 데이터, 실험 결과, 성능 비교 등 근거자료가 있으면 제시한다. 그렇다고 정량 지표가 필수는 아니다.

기술 관점에서 아이디어를 만드는가?

AI를 사용해서 과제를 해결하려면 AI와 과제가 속한 분야의 상호작용이 중요하다. 의료 영상을 해석하고 이상을 탐지하는 기술이라면 AI와 의료 지식의 융합이 필요하다는 식이다. 이때 제시하는 기술은 구체적이어야 한다. 예를 들어, 엘리베이터에서 인간이 버튼을 누르기 어려운 상황에 AI가 인간 대신 보턴을 누르는 경우를 보자. AI가 학습하는 방법은 지도학습과 비지도학습으로 구분해서 아이디어를 만들 수 있다. 지도학습에서는 인간이 내리는 층을 직접 말하거나 손으로 버튼 근처를 가리키면 AI는 음성 인식이나 동작 인식으로 내리는 층을 인식한다. 지도학습을 반복하면 정확한 결과를 얻을 수 있지만 다양한 음성과 동작 데이터에 라벨링해서 학습해야 한다. 비지도학습에서는 자주 이용하는 인간의 엘리베이터 사용 패턴을 군집화한다. 특정인이 엘리베이터에 타면 인간이 버튼을 누르지 않아도 AI가 내리는 층을 예측한다. 데이터 라벨링은 하지 않아도 되지만 처음 방문하는 손님이라면 어느 층에서 내릴지 예측할 수 없다.

시장 관점에서 아이디어를 만드는가?

AI는 시장에서 어떻게 사용되는지 생각한다. 예를 들어, 금융거래에서 이상 거래를 탐지하려면 어떻게 하면 좋을지에 관한 아이디어를 만든다. 농업에서 작물별로 다른 성장 패턴을 예측하고 이를 판매 루트에 어떻게 반영하면 좋을지에 관한 아이디어를 만든다. 시장에는 어떤 과제가 있는지 정의하는 작업부터 시작한다. 의료, 금융, 제조와 같은 특정 영역에서 발생하는 과제를 해결하기 위해 AI를 적용해서 해결하는 아이디어를 만든다. 시장에서 발견한 불편함이나 비효율적인 상황을 인식하고 아이디어를 만들어도 좋다.

□ 아이디어를 특허 출원하고 싶은가?

□ 아이디어는 추상적인가?

□ 아이디어를 기술적으로 구현할 수 있나?

□ 아이디어는 노하우인가?

□ 아이디어는 산업에서 이용할 수 있나?

5) 발명 원리를 생각한다

소련 해군에서 특허 업무를 담당하던 겐리히 알트슐러는 전 세계의 특허 문헌을 분석하고 일정한 패턴을 발견했다. 그는 발명 과정을 체계화하는 방법론을 트리즈TRIZ라 이름 짓고 발명 패턴을 40가지 원리로 정리했다.[1] TRIZ를 이용하려면 먼저 과제를 정의하고 구체적으로 인식한다. 이어서 과제를 해결한 후의 이상적인 결과를 설정한다. 과제를 해결하는 방법은 40가지 발명 원리를 사용해서 발견한다. 방법이 떠오르면 실제로 적용해 보면서 아이디어를 수정한다. 40가지 발명 원리는 다음과 같다.

1 ▸ 40 TRIZ Principles https://www.triz40.com/aff_Principles_TRIZ.php

1. 분할: 객체를 여러 개의 독립적인 부분으로 나눈다.
2. 추출: 객체에서 특성을 추출한다.
3. 국소적 성질: 객체 구조를 이질적으로 바꾼다. 객체의 여러 부분이 다른 기능을 수행한다.
4. 비대칭: 객체의 형태를 비대칭으로 바꾼다.
5. 통합: 동질의 객체를 통합한다. 연속적인 객체를 연결한다.
6. 다기능: 객체가 여러 기능을 수행한다.
7. 중첩: 한 객체를 다른 객체에 넣는다.
8. 중력: 객체를 다른 객체와 연결해서 객체의 무게를 상쇄시킨다.
9. 사전 반작용: 문제가 발생하기 전에 미리 반대 조치를 취한다.
10. 사전 조치: 객체에 필요한 조치를 미리 수행한다.
11. 사전 예방: 신뢰할 수 없는 객체는 미리 비상 수단을 준비한다.
12. 높이 맞추기: 객체를 올리거나 내리지 않게 만든다.
13. 반대로 하기: 객체에 필요한 작용이 아니라 반대 효과를 실행한다.
14. 곡선: 직선을 곡선으로 바꾸거나 입방체를 구체로 바꾼다.
15. 역동성: 작동단계마다 최적 성능을 내도록 객체나 외부 환경을 바꾼다.
16. 과부족: 원하는 효과를 얻기 힘들다면 더 많거나 더 적게 한다.
17. 차원 변환: 1차원 이동을 2차원 이동으로 바꾸거나 2차원을 3차원으로 바꾼다.
18. 기계적 진동: 객체를 진동하게 한다.
19. 주기적 행동: 연속적인 행동을 주기적인 행동으로 대체한다.
20. 지속: 중단하지 않고 계속 작동한다.
21. 고속 처리: 위험한 공정을 빨리 처리한다.

22. 해로움을 이익으로: 해로운 작용이 없어질 때까지 해로운 요소를 보강한다.
23. 피드백: 피드백을 도입한다.
24. 중간 매개체: 중간 매개체를 사용해서 작용을 변형하거나 전달한다.
25. 셀프서비스: 물체가 스스로 서비스한다.
26. 복제: 복잡하고 비싼 객체 대신 단순하고 싼 복제품을 이용한다.
27. 저렴한 일회용품: 비싼 객체를 값싼 물체로 대처한다.
28. 기계 시스템 대체: 기계 시스템을 광학, 음향, 열, 화학 시스템으로 대체한다.
29. 기체나 유체: 객체에 기체나 유체를 사용한다.
30. 박막: 구조물이 아니라 유연한 막이나 필름을 사용한다.
31. 다공성 재료: 객체를 다공성 재료로 만든다.
32. 색상 변화: 객체의 색상을 바꾼다.
33. 동질성: 기존 객체와 상호작용하는 객체를 동질의 재료로 만든다.
34. 폐기 재생: 객체가 기능을 마치면 폐기하거나 모양을 바꾼다.
35. 변화: 객체에 물리적인 변화를 준다.
36. 상전이: 물질의 상이 변할 때 변화하는 특성을 이용한다.
37. 열팽창: 온도에 의한 물질의 팽창과 수축을 이용한다.
38. 산화제: 일반 공기를 산소가 많은 공기로 바꾼다.
39. 불활성: 환경을 불활성 환경으로 만든다.
40. 복합재료: 재료를 복합재료로 바꾼다.

과제를 해결하기 위해 한가지 요소를 개선하면 다른 요소가 악화할 수 있다. 예를 들어, 물체의 강도를 높이면 재료를 많이 사용해야 하며 그 결과 물체의 무게가 증가할 수 있다. 스마트폰에서 피싱 탐지율을 높이려면 보안 수준을 올려야 하므로 이용하기 불편할 수 있다. 이런 경우에 모순 해결 매트릭스를 사용하면 과제를 추상화하고 적합한 해결원리를 발견할 수 있다. TRIZ는 40가지 발명 원리와 함께 모순 해결 매트릭스를 사용해서 기술적인 모순을 해결한다.

모순 해결 매트릭스는 39x39 행렬로 구성된다. 행과 열은 각각 39개의 변수를 나타낸다. 예를 들어, 무게, 강도, 속도, 비용 등이 포함된다. 행은 개선하려는 변수를 나타내고 열은 개선 시에 악화하는 변수를 나타낸다. 셀에는 40가지 발명 원리 중에서 해당 모순을 해결할 수 있는 원리의 번호를 적는다. 만약 과거의 특허에서 1번 분할 원리를 사용해서 모순을 해결했다면 셀에 1이라고 적는 식이다.

이처럼 TRIZ는 특허 분석에서 발견한 패턴을 활용해서 아이디어를 생성한다. 무작위로 아이디어를 생성하는 방법에 비해 효율적이다. 하지만 모순 해결 매트릭스에서 각각의 변수와 40가지 발명 원리를 연결하기 어렵다. 이런 어려움을 AI로 극복하려는 사례가 등장하고 있다. AI와 결합한 도구도 등장했다.[2] 시스템 사용자가 문제를 설명하면 AI 시스템이 TRIZ 추론 과정을 수행하는 도구다.

- □ AI 시스템으로 인해 모순이 생기는 사례는 무엇인가?
- □ 발명 원리 중에서 가장 쉽게 이해되는 원리는?
- □ 발명 원리 중에서 가장 이해하기 어려운 원리는?
- □ TRIZ 40가지 발명 원리를 몇 개의 그룹으로 묶을 수 있나?
- □ 발명 원리를 데이터 전처리에 적용할 수 있나?

3. 미래 예측과 개인화로 과제를 해결한다

불편함이나 비효율에서 과제를 발견하고 이를 해결하기 위해 아이디어를 생성하는 이면에는 AI 활용이라는 전제가 있다. AI 활용에는 핵심적인 효과가 두 가지 있다. 미래 예측과 개인화다. 예를 들어, 병원에 가면 의사는 당신의 미래를 예측한다. 의사는 당신의 질병을 진단하기 위해 유전자 정보

2 ▸ AutoTRIZ: Automating Engineering Innovation with TRIZ and Large Language Models https://arxiv.org/abs/2403.13002

와 생활 데이터를 분석하고 당신이 미래에 질병에 걸릴 확률을 예측한다. 당신은 10년 후에 70퍼센트의 확률로 심장 질환이 발생할 수 있다는 식이다. 의사는 당신에게 가장 적합한 건강 유지 방법이나 약물을 개인 맞춤형으로 처방한다. 미래 예측에 기반해서 개인화가 이루어진다.

미래 예측과 개인화는 상거래 사이트에서도 유용하게 사용된다. 사이트 운영자는 당신의 행동 데이터를 분석해서 당신의 미래 구매 행동을 예측한다. 당신이 상거래 사이트에서 제품을 구매한 시기, 금액, 브랜드를 분석하면 당신은 한 달 이내에 80퍼센트 확률로 특정 브랜드의 운동화를 구매할 수 있다는 식이다. 미래 예측에 기반해서 당신이 구매할 만한 시점에 당신이 가장 좋아할 만한 제품을 추천한다. 당신에게만 더 낮은 할인율을 적용하거나 할인 쿠폰을 제공하는 식으로 개인화를 진행한다.

미래 예측은 언제, 어디서, 누가, 무엇을, 어떻게 할지에 관한 예측 결과를 확률로 제시한다. 개인화는 당신에게 최적인 답을 제시한다. 미래 예측과 개인화는 서로 영향을 주고 받으면서 강력한 효과를 발휘한다. 미래 예측과 개인화에 대해 좀 더 자세하게 살펴보자.

1) 미래를 확률로 예측한다

미래에 어떤 사건이 일어날지는 아무도 모른다. 하지만 가까운 미래라면 특정한 사건이 일어날 가능성을 확률로 예측할 수 있다. 당신이 3년 이내에 지금 다니는 회사를 퇴사할 확률은 30퍼센트라는 식이다. 이런 수준의 미래 예측이라면 AI가 인간보다 더 잘한다. AI는 통계 분석과 기계학습을 통해 미래에 특정한 사건이 일어날 가능성을 계산하고 확률을 제시한다.

AI가 미래를 예측할 때는 사건이 일어날 확률, 결과로서의 미래의 값, 과정 중에서 무엇을 예측할지와 그 시점을 명확하게 설정해야 한다. 예를 들어, 범죄나 특정 질병이 발병하는 사건이라면 발생할 가능성을 확률로 예측한다. 미래의 값이란 매출, 가격, 수요처럼 구체적인 수치를 말한다. 과정이란 자율주행차의 이동 경로나 화학 반응을 일으키는 합성 방법처럼 특정 결과를 향하는 경로를 말한다. 시점은 일주일 후나 3년 후처럼 조건을 설정한다. 이렇게 미래를 예측하면 특정 지역에서 일주일 내에 범죄가 발생할 확률은 70퍼센트라는 식으로 답을 생성한다.

미래 예측을 위해 AI 모델이 학습하려면 예측 시점에 수집한 데이터를 이용한다. 미래 예측은 과거에서 미래를 향하는 워크 포워드 방법을 이용한다. 이 방법은 시계열 예측법으로 과거 데이터와 현재 데이터를 이용해서 미래를 향해 예측 모델을 차례로 확장하고 검증할 수 있다. AI 모델은 분류, 회귀, 시계열 예측, 생존분석, 베이지안 확률모형, 인과추론과 같은 다양한 모델 중에서 적절한 모델을 선택한다. 불확실성을 표현하기 위해 확률과 예측구간을 이용한다. 미래를 예측하는 사례를 보자.

당신이 일 년 이내에 퇴사할 확률은 얼마인가?

당신이 퇴사할 확률을 계산하기 위해 AI는 이탈 예측 모델을 사용한다.[3] 이탈 예측 모델은 기계학습 모델의 일종이다. 고객이나 사용자의 이탈 가능성을 예측한 후에 이에 기반해서 고객 유지 전략에 사용된다. 질문에 답하기 위해 AI는 당신에 관한 데이터를 분석한다. 입사일, 연봉, 연봉 인상률, 직무, 만족도, 팀원 구성, 근무 시간, 재직 기간, 직위, 인사이동, 보상, 근태, 초과근무, 교육, 내부 지원, 승진을 포함해서 데이터는 적어도 수십 개 이상의 변수를 가진다. 당신과 다른 사

3 ▸ Customer churn prediction model based on hybrid neural networks https://www.nature.com/articles/s41598-024-79603-9

원을 비교하기 위해 AI는 퇴사한 사원에 관한 데이터도 분석한다. 과거에 퇴사한 사원들은 어떤 패턴을 보였는지 행동 패턴을 학습한다. 최근 6개월 이내에 승진에서 탈락했으며 야근 시간이 20퍼센트 증가한 사원이 여러 명 있다고 하자. 이런 사원 중에서 30퍼센트는 일 년 내에 퇴사했다는 식의 패턴을 발견한다. 학습에서 얻은 패턴과 당신 데이터를 비교하면 당신이 일 년 이내에 퇴사할 확률을 계산할 수 있다.

과수원에서 올해 가을에 수확할 수 있는 과일의 양은 얼마인가?

이런 질문은 농업이나 공장의 예측유지보수에서 자주 나온다. AI는 데이터 변수 사이의 관계를 분석한다. 수집하는 데이터는 과거 수확량, 개화, 결실, 꽃, 과일 개수, 과일 크기, 토양 수분, 관수, 전정, 병해충, 기온, 강수량, 일조량, 토양 상태 등 최대한 다양하게 한다. 데이터를 분석하면 서로 영향을 주고받는 변수를 발견할 수 있다. 일조량과 강수량이 병충해 발생에 영향을 주며 그 결과 수확량이 변한다는 식이다. AI는 데이터 분석에 기반해서 올해의 수확량을 예측한다. 올해는 80퍼센트의 확률로 과일 3톤을 수확한다는 식이다.

미래 예측은 다양한 산업에서 사용되고 있다. AI가 미래를 예측하려면 다양한 데이터 사이에 존재하는 비선형 관계를 발견할 수 있어야 한다. 선형 관계에서는 원인과 결과가 비교적 쉽게 연결된다. 경험이 많은 인간은 이해할 수 있을 정도다. 그러나 현실에서 일어나는 문제에는 선형 관계가 드물다. 많은 변수가 서로 영향을 주고받으면서 비선형 관계를 맺는 경우가 대부분이다. 아무리 경험이 많은 인간이라도 직감적으로 이해하기는 어렵다. AI는 데이터를 분석해서 인간이 쉽게 찾지 못하는 패턴이나 상관관계를 발견한다. AI는 새로운 데이터를 계속 학습하면서 예측 모델을 개선할 수 있으므로 데이터가 쌓일수록 미래를 더욱 정확하게 예측할 수 있다.

AI 미래 예측에는 주의할 점이 있다. 과거에서 현재에 이르는 과정에 아주 드물게 발생하는 큰 변화가 있었다면 이 과정에서 생성된 데이터는 학습용으로 큰 의미가 없다. 예를 들어, 최근에 제도가 완전히 바뀌었거나 코로나19처럼 감염병이 유행한 시기가 있었다면 과거와 미래는 단절된다. 과거에서 미래는 비선형으로 변한다. 발생할 가능성이 지극히 낮은 희귀한 사건이 포함된 데이터 역시 사용에 주의해야 한다. 측정 오차처럼 결함이 있는 데이터도 주의해야 한다.

□ 미래를 왜 예측하고 싶은가?

□ 미래의 무엇을 예측하고 싶은가?

□ 미래를 예측한 후에는 무엇을 하는가?

□ 미래 예측이 꼭 필요한 과제인가?

□ 미래 예측의 정확도를 어떻게 올리는가?

2) 개인 특성에 맞춘 개인화를 한다

"당신이 좋아할 만한 제품을 추천합니다."

상거래 사이트를 열람하면 이런 추천이 나온다. 패션 앱이나 온라인 쇼핑몰에서는 AI가 당신에게 가장 잘 어울리는 스타일을 제안한다. AI는 당신이 과거에 많이 열람했거나 클릭한 옷의 색상, 디자인, 가격, 소재 데이터를 분석한다. 만약 당신이 신체 데이터나 사진을 제공한다면 AI는 어떤 스타일이 당신에게 가장 잘 어울릴지 판단하고 추천한다. 개인화는 상거래만이 아니라 거의 모든 인터넷 사이트에서 이루어진다. AI는 당신의 특성과 행동 패턴을 분석한 후에 당신에게 가장 적합한 정보, 제품, 서비스를 제공한다. 마치 당신만을 위한 비서처럼 작동한다. AI는 구매 이력과 검색어만이 아니라 당신과 비슷한 취향을 가진 다른 고객의 데이터를 분석해서 당신이 관심을 가질 만한 제품을 추천한다.

똑같은 제품을 구매하더라도 개인마다 선호하는 시기가 다르다. 개인화가 진화하면 더 높은 확률로 시기를 예측할 수 있다. 개인의 구매 패턴을 예측하면 개인 맞춤형 재고관리가 가능하다. 개인화는 개인과 그룹을 대상으로 한다. 개인에서 그룹으로 확대하거나 그룹에서 개인으로 축소할 수 있다.

개인화가 이루어지면 사건이 발생할 확률을 예측하고 미리 당신에게 경고할 수 있다. 당신이 질병에 노출될 확률을 예측하고 당신에게 어울리는 개인 맞춤형 건강관리 패키지를 제시한다. 미래의 위험을 예측하고 현재 당신이 처한 상황을 고려해서 개인 맞춤형으로 당신을 위한 예방책을 제시한다. 그룹에서는 개인마다 다른 수요를 예측하고 자원을 효율적으로 배분한다. 개인화는 크게 두 단계로 구분할 수 있다. 데이터 분석 단계와 추천 단계다.

데이터 분석 단계

AI는 개인에 관한 데이터를 수집하고 분석한다. 예를 들어, 온라인에서 클릭한 사이트, 열람한 제품, 구매 이력, 검색어, 페이지에 머문 시간, 시청한 영상 등이 있으며 별점을 주거나 후기를 작성했으면 이런 데이터도 수집한다. 접속 시간, 사용하는 기기, 위치와 같은 상황 데이터도 수집한다. 수집한 데이터를 분석해서 선호도를 분석한다.

추천 단계

AI는 수집된 데이터를 분석해서 개인마다 고유한 패턴을 발견한다. 다양한 데이터를 분석해서 인간이 발견하기 어려운 패턴을 발견한다. 패턴을 이용해서 개인도 잘 모르는 잠재적인 니즈를 일깨운다. 패턴이 섬세할수록 개인에게 제시하는 내용이 섬세해진다. 데이터에서 패턴을 발견하면 미래에 예상되는 행동을 높은 확률로 예측할 수 있다. 개인이 좋아할 만한 제품을 추천할 수도 있다.

개인화에는 다양한 기술이 사용된다. 예를 들어, 협업 필터링은 비슷한 취향을 가진 그룹이 어떻게 행동하는지 패턴을 분석한 후에 개인 맞춤형으로 추천하는 기술이다. 이 제품을 구매한 다른 사람은 이런 제품도 구매했다는 식으로 광고해서 구매를 유도한다. 콘텐츠 기반 필터링은 개인이 좋아하는 콘텐츠의 속성을 분석해서 유사한 콘텐츠를 제안하는 기술이다. 새로운 영화가 나오면 그중에서 개인이 좋아할 만한 영화를 선택해서 추천하는 식이다.

미래 예측을 기반으로 개인화를 강화할 수 있다. 반대로 개인화 결과는 AI 모델에 반영되어 미래 예측 확률을 개선한다. 미래 예측과 개인화는 상호 보완하면서 순환한다. 개인화를 강화하려면 정형적인 요소만이 아니라 정성적인 요소도 포함해야 한다. 가장 중요한 요소는 개인마다 다른 차별화다. 차별화는 크게 세 가지로 분류할 수 있다. 플러스 차별화, 마이너스 차별화, 슈퍼 차별화다.

플러스 차별화는 가장 먼저 떠올리는 차별화다. 예를 들어, 기존 제품에 개인이 좋아하는 기능을 플러스한다. 가격은 그대로 유지하거나 약간 변경할 수 있지만 가격에 상관없이 개인화를 반기는 고객도 많다. 플러스하는 요소는 다양하다. 기능, 옵션, 종류, 기술을 더할 수 있다. 마이너스 차별화는 개인의 특징을 고려해서 기능을 줄인다. 고객은 자신이 원하는 기능만 있으면 오히려 만족한다. 개인화가 추구하는 방향은 슈퍼 차별화다. 플러스 차별화와 마이너스 차별화를 동시에 적용하는 방식이다. 개인이 원하는 기능은 최대한 늘리고 개인이 원하지 않으면 과감하게 삭제한다. 차별화가 제대로 진행되고 있는지 판단하려면 행위에 '더'를 추가해서 비교하면 된다. 개인화가 제대로 진행된다면 개인은 '더'에 만족한다.

시간은 더 빠르게, 더 늦게.

수량은 더 많게, 더 적게.

높이는 더 높게, 더 낮게.

깊이는 더 깊게, 더 얕게.

크기는 더 크게, 더 작게.

면적은 더 넓게, 더 좁게.

강도는 더 세게, 더 약하게.

굵기는 더 굵게, 더 가늘게.

길이는 더 길게, 더 짧게.

무게는 더 무겁게, 더 가볍게.

조도는 더 밝게, 더 어둡게.

기온은 더 높게, 더 낮게.

인원은 더 많게, 더 적게.

소리는 더 크게, 더 작게.

진동은 더 많게, 더 적게.

데이터로 표현하기 어려운 경우에는 맥락에 '더'를 추가해서 비교한다.

분위기는 더 밝게, 더 어둡게.

환경은 더 가볍게, 더 무겁게.

소통은 더 가깝게, 더 멀게.

강요는 더 강하게, 더 약하게.

관계는 더 가깝게, 더 멀게.

기분은 더 좋게, 더 나쁘게.

요구는 더 강하게, 더 약하게.

느낌은 더 좋게, 더 나쁘게.

- ☐ 개인화의 목적은 무엇인가?
- ☐ 개인화를 위해 무엇을 어떻게 차별화하는가?
- ☐ 개인화에 미래 예측 결과를 어떻게 반영하는가?
- ☐ 개인화가 제대로 진행되고 있는지 어떻게 판단하는가?
- ☐ 개인화의 다음 단계는 무엇인가?

3) AI 능력을 활용한다

AI는 미래 예측과 개인화라는 효과를 만들지만 이외에도 다양한 효과를 만들 수 있다.

분류한다.

데이터를 합격과 불합격이나 양성과 음성처럼 특정 클래스로 분류한다. 분류는 이메일 스팸 필터링이나 질병 진단에 많이 사용된다. 세부 알고리즘으로 로지스틱 회귀, 서포트 벡터 머신SVM, 의사결정나무, 신경망 등이 있다.

AI가 이미지를 분류하는 사례 중에 2009년 시작한 이미지넷ImageNet이 있다.[4] 1,400만 개 이상의 이미지에 인간이 직접 라벨링하고 분류해서 AI 학습에 사용한다. 방대한 양의 이미지를 AI가 학습한 후에 고양이 사진을 보고 고양이라고 분류하는 식이다. 2012년 알렉스넷AlexNet이라는 AI 모델이 이미지넷 대회에서 딥러닝을 이용하여 이미지 1,000개 중 85퍼센트 이상을 맞추고 우승했다. 2015년 레스넷ResNet은 인간보다 더 정확하게 95퍼센트 이상을 맞추었다. 이들이 사용한 기술은 심층학습 기술에 속하는 합성곱 신경망CNN이다. 이미지넷으로 인해 AI가 이미지를 이해하고 분류하는 능력은 크게 향상되었으며 사진 인식, 의료 영상 분석, 자율주행차 등에 활용되고 있다. AI가 이미지를 분류하는 기술은 CNN과 트랜스포머의 하이브리드 모델로 진화하고 있다.

결과값을 예측한다.

회귀는 입력 데이터를 기반으로 온도나 무게처럼 수치형 결과를 예측한다. 주택 가격 예측이나 주식 가격 예측처럼 연속적인 값을 예측한다. 세부 알고리즘으로 선형 회귀, 다항 회귀, 랜덤 포레스트 회귀 등이 있다. 간단한 패턴은 선형 회

4 ▸ ImageNet https://www.image-net.org/

귀를 사용하고 복잡한 패턴은 랜덤 포레스트 회귀를 사용한다. 사물 인터넷으로 수집하는 방대한 데이터를 회귀 분석하면 정밀 예측이 가능하다.

시계열을 예측한다.

온도나 주가처럼 시간에 따라 변화하는 데이터를 분석해서 미래를 예측한다. 일기 예보는 과거 데이터를 수집해서 시간에 따른 패턴을 학습한다. 전력 소비량을 예측하려면 어느 시점에 소비량이 얼마에 도달한다고 수치를 제시해야 하듯이 시계열 예측에서는 시점과 패턴이 중요하다.

세부 알고리즘으로 과거 데이터의 패턴을 분석해 예측하는 단일 시계열 모델ARIMA, 복잡한 장기 패턴을 학습하는 신경망 기술인 장단기기억LSTM이 있다. 메타가 개발한 시계열 예측 모델Prophet은 계절성과 경향을 예측한다. 각 알고리즘은 하이브리드 형태로 결합되어 더욱 정확한 예측을 지향한다.

생존 확률을 예측한다.

생존분석은 생물이 사망하거나 기계가 고장 나는 것처럼 특정 이벤트가 언제 발생할지 시점을 예측하거나 특정 시점에 발생할 확률을 예측한다. 환자가 계속 생존할 기간을 예측하거나 제품이 고장 날 시점을 예측하는 식으로 사용한다. 세부 알고리즘인 카플란-마이어 추정량은 시간에 따른 생존 확률을 보여 준다. 콕스 회귀는 나이나 질병처럼 여러 요인이 생존에 미치는 영향을 분석한다. 가속고장시간AFT 모델은 생존 시간을 직접 예측하고 기간을 제시한다. 각 모델은 심층학습과 결합해서 정확도를 높인다. 병원에서는 정밀 의학의 핵심으로 유전자나 영상 데이터를 이용해서 생존분석을 하고 개인 맞춤형 치료 계획을 세운다. 개인마다 다른 특성으로 인해 예측과 실제 결과는 다를 수 있다. 생존분석에 사용하는 데이터가 부족하거나 품질이 나쁘면 예측이 틀릴 수 있다.

확률을 계산한다.

베이지안 확률모형은 불확실한 상황에서 데이터를 바탕으로 확률을 계산하고 예측하는 기술이다. 유전자, 생활 습관, 환경 요인을 통합해서 불확실성이 높은 의료 데이터에서 복잡한 확률 계산에 강점이 있다. 베이즈 정리를 사용해서 불확실성을 모델링하고 사전 지식을 바탕으로 확률을 갱신해서 예측한다. 베이즈 정리는 과거 데이터와 새 데이터를 결합해서 더욱 정확한 확률을 갱신한다.

베이지안 확률 모델을 사용하는 가장 일반적인 사례는 이메일이 스팸인지 정상 메일인지 판단하는 스팸 필터링이다. AI는 과거 데이터를 학습해서 스팸에는 어떤 단어가 주로 등장하는지 학습한다. 새롭게 이메일이 도착하면 이메일에 포함된 단어와 발신자 정보를 분석한 후에 베이즈 정리를 사용해서 스팸일 확률을 계산한다. 사용자가 이메일을 보고 스팸이라고 표시해 주면 학습 결과는 점점 더 정확해진다.

세부 알고리즘은 나이브 베이즈, 베이지안 네트워크, 마르코프 체인 몬테카를로[MCMC] 등이 있다. 나이브 베이즈는 단어들이 상호 독립이라고 가정하고 확률을 계산한다. 베이지안 네트워크는 단어들이 연관성을 가진 복잡한 관계도 고려한다. MCMC는 복잡한 데이터에서 확률을 추정한다.

인과관계를 추론한다.

인과추론은 변수 간의 인과관계를 분석해서 원인과 결과를 알아내는 기술이다. 데이터가 서로 관련이 있는지를 따지는 상관관계와 구분해야 한다. 인과추론을 사용하는 사례 중에 마케팅 캠페인의 효과 분석이 있다. 데이터를 분석해서 마케팅 캠페인이 실제로 매출이나 고객 행동에 어떤 영향을 미쳤는지 평가한다. 마케팅의 대상 고객과 비대상 고객을 대상으로 매출 차이를 비교한다. 고객의 심리 상태나 가정환경처럼 인과추론에 필요하지만 수집하기 어려운 변수가 많다.

세부 알고리즘은 다음과 같다. 무작위 대조시험RCT은 고객을 광고 그룹과 비광고 그룹으로 무작위로 나누어 비교한다. 성향점수매칭PSM은 광고를 본 고객과 비슷한 조건의 비광고 고객을 비교한다. 구조적 인과모델SCM은 변수 사이의 인과관계를 분석한다.

- ☐ 일상에서 자주 사용하는 분류는 무엇인가?
- ☐ 인과관계와 상관관계의 차이는 무엇인가?
- ☐ 이메일 스팸을 100퍼센트 완벽하게 걸러내지 못하는 이유는 무엇인가?
- ☐ 주식 가격 예측이 빗나가는 이유는 무엇인가?
- ☐ 일기 예보가 맞지 않는 이유는 무엇인가?

아이디어를 평가한다

1. 아이디어를 그림으로 표현한다

1) 아이디어를 흐름도로 그린다

아이디어를 구현하는 구조와 기능이 복잡할수록 문장으로 표현하면 이해하기 어렵고 오해의 소지가 있다. 문장은 전체를 다 읽지 않으면 어떤 내용인지 알기 어렵다. 이에 비해 그림은 전체 모습을 한눈에 조감하고 내용을 직감적으로 이해할 수 있다. 어느 정도 구체적으로 드러난 아이디어를 그림으로 그리면 아이디어 평가에 도움이 된다. 아이디어를 그림으로 그리려면 흐름도 혹은 플로우차트라고 불리는 가시화 수법을 많이 이용한다. 아이디어를 구현하는 각 단계가 어떤 순서로 흘러가는지 보여 준다고 해서 흐름도라고 부른다. 단계가 복잡하면 여러 개의 흐름도로 나누어서 그린다. 흐름도의 도형은 각 단계가 진행되는 순서에 맞추어 배치한다. 아이디어의 큰 흐름을 그린 후에 작은 흐름까지 포함해서 상세하게 그린다. 흐름도는 위에서 아래를 향하거나 왼쪽에서 오른쪽을 향해서 그린다.

흐름도는 누구나 쉽게 이해할 수 있도록 간결하고 명확하게 그려야 한다. 흐름도에 표현한 내용만 보아도 아이디어의 핵심이 무엇인지 알 수 있어야 한다. 나중에 특허 출원에 필요한 자료를 작성할 때 흐름도가 가장 중요한 기준이 되기 때문이다. 아래 그림은 특허를 출원한 후에 심사가 진행되는 과정을 표현한 흐름도이다.[5]

흐름도를 작성하려면 먼저 아이디어를 구현하는 핵심 구조를 분류한다. 흐름도에는 주로 직사각형과 마름모를 사용하며 도형 사이를 화살표를 사용해서 연결한다. 하나의 직사각형은 하나의 작업이나 활동을 나타낸다. 직사각형을 서로 연결하려면 화살표를 사용한다. 마름모는 결과에 따라 흐름이 나뉘는

5 ▸ 특허 출원 후 심사 흐름도 https://easylaw.go.kr/CSP/CnpClsMain.laf?popMenu=ov&csmSeq=724&ccfNo=2&cciNo=3&cnpClsNo=1

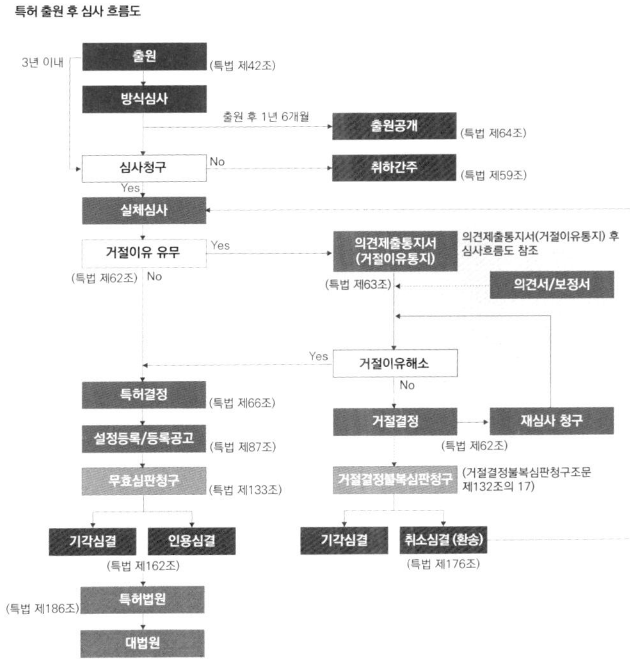

특허 출원 후 심사 흐름도

분기점을 나타낸다. 화살표 방향에 따라 흘러가는 방향이 변한다. 결과가 '예스'이거나 '참'이라면 화살표를 따라 하나 앞의 작업으로 돌아간다는 식이다. 결과가 '노'이거나 '거짓'이면 화살표를 따라 특정 작업으로 간다는 분기도 나타낸다. 이외에도 타원형으로 작업의 시작과 끝을 나타내기도 한다.

흐름도의 각 도형에는 작업 내용을 명확하게 표현하며 애매모호한 표현은 피한다. 예를 들어, 데이터를 분석하는 단계라면 어떤 데이터를 어떻게 분석하는지 구체적으로 적는다. 간단하게 '데이터 분석'이라고만 적으면 어떤 작업을 하는지 알기 어렵다. 그러므로 각 단계에서 이루어지는 행위는 동사로 표현하면 오해가 줄어든다. 본인을 인증하는 단계라면 '본인을 인증한다'라고 표현하는 방식이 좋다. '본인 인증'이라고 표현하면 사람마다 다른 의미로 해석할 수 있기 때문이다. 본인을 인증하는 행위를 구현한다는 의미인지, 본인 인증이 필요하다는 의미인지, 혹은 본인 인증한 결과라는 의미인지 애매하다. 흐름도의 각 단계는 컴퓨터 하드웨어에 의해 이루어지는 구체적인 수단이나 방법으로 목적을 달성해야 한다.

인간이 오프라인에서 하는 행위는 특허 대상이 아니므로 흐름도에 포함하지 않는다. 예를 들어, 엘리베이터에 탑승한 인간이 짐을 내려놓고 버튼을 누른다는 행위는 특허 대상이 아니며 흐름도에도 포함하지 않는다. AI 시스템이 작동해서 센서나 카메라로 인간이 짐을 들고 있는지 인식한다면 이 행위는 흐름도에 포함한다. AI 시스템이 인간의 음성을 듣고 목표 층을 인식하고 엘리베이터는 해당 층으로 이동한다면 이런 동작 역시 흐름도에 포함한다.

□ 흐름도의 각 단계는 명확하게 표현되었나?

□ 흐름도만 보면 아이디어의 핵심 구조를 이해할 수 있나?

□ 흐름도의 각 작업을 실행하는 목적은 분명한가?

□ 흐름도의 작업이 무한히 반복되지 않는가?

□ 흐름도에 인간의 행위가 포함되었나?

2) 아이디어를 블록도로 그린다

블록도는 아이디어를 구현하는 구조와 기능을 간결하고 명확하게 그리는 수법이다. 블록은 주로 직사각형으로 나타낸다. 하나의 블록은 하나의 기능을 나타낸다. 각 블록의 기능과 역할은 명확하게 구분해야 한다. 어떤 블록은 데이터 처리부를 나타내고 또 다른 블록은 신호 수신부를 나타낸다는 식으로 각 블록에 해당하는 요소의 명칭이나 기능을 간단히 적는다. 아이디어를 구현하는 데 필요한 기능은 모두 포함해야 하지만 너무 상세하게 적을 필요는 없다.

각 블록에 참조번호를 표기하면 쉽게 설명할 수 있다. 블록과 블록을 이어주는 선에는 번호나 라벨을 표기한다. 화살표를 사용해서 블록 사이를 이어 주면 데이터나 신호의 흐름을 나타낼 수 있다. 블록도는 계층 구조로 구분해서 상위 시스템에서 하위 시스템으로 나누어 그릴 수 있다. 아이디어를 전체와 부분으로 구분해서 그릴 수도 있다. 블록도를 그리면 아이디어를 고차원에서 조감할 수 있기 때문에 복잡한 구조나 동작 과정을 쉽게 이해할 수 있다. 블록도를 보면 아이디어가 어떻게 구성되는지 직관적으로 이해할 수 있어야 하므로 아이디어가 복잡할수록 블록도는 유용하다.

아래 그림은 아이디어를 구현하기 위해 컴퓨터 시스템의 내부 구성을 어떻게 하면 좋을지 나타내는 블록도다. 블록도를 보면 컴퓨터 시스템은 프로세서, 메모리, 영구 저장 장치, 입출력 인터페이스, 네트워크 인터페이스를 포함한다.

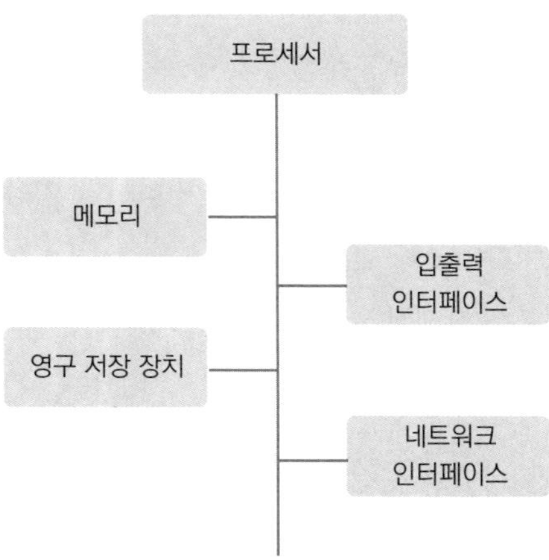

컴퓨터 시스템 구성을 나타내는 블록도

- □ 블록도에는 아이디어의 핵심 구조가 포함되었나?
- □ 블록과 블록을 연결하는 선은 목적이 분명한가?
- □ 블록에서 블록을 향하는 화살표가 있다면 방향은 정확한가?
- □ 블록도는 간결하게 표현되었나?
- □ 블록도에 인간이 포함되었나?

3) 가상의 사용자 인터페이스를 만든다

아이디어를 구현하는 하드웨어가 스마트폰이라고 하자. 가상의 스마트폰 화면을 설계하고 사용자 인터페이스UI를 만든다. 사용자 인터페이스를 그리면 아이디어가 구현되는 과정을 이해하기 쉽다. 예를 들어, 스마트폰에서 문자를 보내거나 받는 작업은 구체적인 기술을 몰라도 가상의 사용자 인터페이스를 그릴 수 있다. 사용자 인터페이스를 통해서 어떤 문자가 오면 어떤 작업이 이루어진다는 아이디어를 표현한다. 아이디어를 문장이나 언어로 표현하면 오해의 소지가 있지만 화면 구성과 사용자 인터페이스를 보면 어떤 기능을 구현하려고 하는지 쉽게 이해할 수 있다. 아이디어를 구현하려면 추가로 어떤 기능이 필요한지도 쉽게 짐작할 수 있다. 어떤 데이터가 입력되면 어떤 데이터를 출력하는지도 알 수 있다.

입력 데이터와 출력 데이터 사이에 어떤 처리가 필요할지 짐작할 수 있다.

아래 그림은 AI 대화 시스템을 이용해서 이순신 장군과 대화한다는 설정에서 나온 사용자 인터페이스이다. 역사 속의 인물과 통화하거나 문자를 주고받는 장면을 나타낸다. 역사 속의 인물과 대화할 수 있으면 우울증이나 고독사를 방지할 수 있다. 상대방은 인간이 아니라 AI이지만 사용자는 인간과 대화하는 기분이 생긴다. 만약 AI 이순신이라면 인간은 우울하거나 고독할 때 대화를 통해서 용기를 얻을 수 있다. AI는 인간과 달리 언제 어디서나 대화할 수 있으며 비용도 크게 들지 않는다. AI 아인슈타인이 물리학을 설명한다면 교육용으로 활용할 수도 있다. 같은 내용이라도 역사 속의 위인이 말하면 파급력이 크다. 이와 같은 AI 대화 시스템에 관한 아이디어를 만들었다면 먼저 가상의 사용자 인터페이스를 만들어 가상의 인물과 대화하는 장면을 상상한다. AI 대화 시스템을 구현하는 구체적인 기술은 나중에 생각한다.

가상의 사용자 인터페이스를 그리고 전체 흐름을 확인한 후에 아이디어가 빠짐없이 표현되었다고 생각하면 구체적으로 어떤 기술이 필요한지 생각한다. 이순신 장군과 대화하려면 가장 어려운 부분은 AI가 어떻게 음성을 학습할지에 관한

이순신 장군과 전화하는 화면

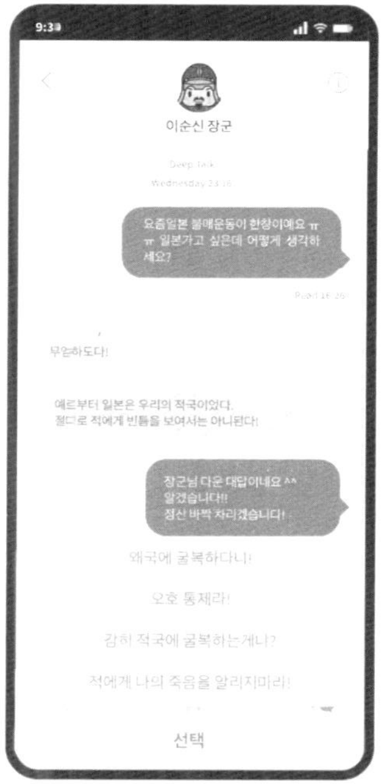

이순신 장군과 문자 교환하는 화면

기술이다. AI는 인간이 몇 마디 말하면 음성 데이터를 학습해서 그대로 모방할 수 있다. 하지만 오래전에 역사 속으로 사라진 위인이라면 음성 데이터를 구할 스 없다. 음성 데이터를 구할 수 없는 경우에도 인간의 말투와 문체를 흉내 내는 대화 기술이 필요하다.

저자와 학생들은 머리를 맞대고 사용자 인터페이스를 구현하기 위해 어떤 기술이 필요한지 거꾸로 설계했다.[6] 일종의 리버스 엔지니어링이다.[7] 방법의 핵심은 대체 데이터다. 사용자가 대화할 수 있도록 이순신 장군의 목소리와 문체를 학습해야 한다. 이순신 장군은 당사자의 음성 데이터가 하나도 없기 때문에 이를 대체할 수 있는 데이터가 필요하다. 예를 들어, 각종 문헌에 남아있는 데이터를 수집해서 이순신 장군의 음성을 유추해야 한다. 이순신 장군과 같은 시기에 같은 지역에서 살았으며 직업이나 신분이 비슷한 그룹의 데이터도 수집해야 한다. 이처럼 대체 데이터를 수집하고 학습하는 과정이 필요하다. 아이디어를 특허로 만들기 위해 가장 먼저 작성한 그림이 바로 가상의 사용자 인터페이스[UI]다. 가상의 사용자 인터페이스를 보면서 입력 데이터와 출력 데이터의 상관관계를 구체적으로 설계한다. 이순신 장군과 대화하는 AI 대화 시스템에서 입력 데이터는 사용자의 음성이나 텍스트다. 출력 데이터는 이순신 장군의 말투와 문체를 흉내 낸 답변이다.

6 ▸ 윤태성 외, 〈실제 사람의 말투와 문체를 흉내 내는 대화 방법 및 시스템〉, 특허 등록 번호 10-2441456

7 ▸ Reverse engineering https://en.wikipedia.org/wiki/Reverse_engineering

아이디어를 실제로 구현하면 새로운 과제가 등장한다. 예를 들어, 사용자가 이순신 장군과 대화하면서 옵션을 선택하면 이에 맞추어 활성화하는 기능과 사용할 수 없는 기능을 구분해야 한다. 사용자가 남긴 데이터를 사용해서 학습된 내용을 강화할 수 있어야 한다. 구현 과정에서도 계속해서 다양한 과제가 나온다. 이런 경우에도 가상의 사용자 인터페이스를 먼저 그린 후에 과제를 해결하는 기술을 개발하는 리버스 엔지니어링이 가능하다.

- □ 아이디어를 구현하는 하드웨어는 무엇인가?
- □ 아이디어를 구현하는 과정을 가상의 사용자 인터페이스로 그릴 수 있나?
- □ 아이디어 구현을 위한 리버스 엔지니어링은 어떤 과제에 효과적인가?
- □ 가상의 사용자 인터페이스가 시작하고 끝나는 기준이 있는가?
- □ 가상의 사용자 인터페이스를 다른 하드웨어에서 사용할 수 있는가?

2. 아이디어에서 발명으로 진화한다

1) 선행기술과 비교한다

과제를 해결하기 위한 아이디어를 그림으로 그리고 아이디어를 구현할 기술을 구체적으로 생각했다면 다음에는 선행기술과 비교한다. 선행기술이란 아이디어를 특허 출원하기 전에 이미 공개된 기술을 의미한다.[8] 아이디어는 처음에는 막연하게 생각하더라도 최종적으로는 특허 출원해야 한다. 그러므로 아이디어는 선행기술과 비교해서 반드시 더 나은 점이 있어야 한다. 선행기술보다 더 나은 점이 하나도 없다면 아이디어를 구현하는 방법을 다시 생각한다.

아이디어와 선행기술을 비교하려면 표 형식이 좋다. 구성요소를 하나씩 비교할 수 있기 때문에 차이를 한눈에 이해할 수 있다. 아래 표에서 아이디어를 구성하는 요소는 A+B+D이다. 이에 비해 선행기술을 구성하는 요소는 A+B+C+E다. 아이디어와 선행기술을 비교하면 차이가 드러난다. 구성 요소 A와 B는 공통이다. 아이디어는 D라는 구성 요소를 가지

8 ▸ IPPC 지식재산보호센터, 선행기술 https://ippc.kr/patent-wiki/%EC%84%A0%ED%96%89%EA%B8%B0%EC%88%A0

고 있으며 선행기술에는 C와 E라는 구성 요소가 있다. 요소 D가 요소 C+E보다 더 나은 효과를 내는지 확인하면 된다.

구성 요소	아이디어	선행기술
요소 1	A	A
요소 2	B	B
요소 3		C
요소 4	D	
요소 5		E

선행기술은 특허, 논문, 서적, 잡지, 신문, 블로그, 인터넷 자료, 카탈로그 등 검색할 수 있는 모든 자료를 대상으로 한다. 다양한 검색어를 사용하며 검색 조건을 바꾸어 가면서 검색한다. 만약 선행기술을 찾지 못했다면 두 가지 가능성이 있다. 제대로 검색하지 못했거나 아직 공개된 적이 없는 기술이다.

선행기술을 가장 신중하게 검색해야 하는 대상은 특허다. 특허로 등록되었거나 출원된 선행기술을 조사하기 위해 기업에서는 유료 서비스를 이용한다. 개인은 특허 출원이 많지 않기 때문에 무료 서비스를 이용해서 선행기술을 조사한다. 무료로 이용할 수 있는 사이트 중에 구글에서 운영하는 특허 검색 사이트가 있다.[9] 이 사이트에서는 미국과 중국을 포함해서 한국, 일본, 유럽에 출원된 특허를 검색할 수 있다. 한국만 대상으로 한다면 지식재산처에서 운영하는 검색 사이트에서 특허를 검색할 수 있다.[10]

특허 검색은 키워드를 입력해서 검색하는 방법을 많이 사용한다. 여러 개의 키워드를 사용해서 AND와 OR을 이용해 논리 연산하는 검색식을 만들어 검색하기도 한다. AND 연산자는 두 개 이상의 조건이 모두 참인 결과를 검색한다. 검색한 결과는 검색식에서 사용한 모든 키워드나 조건을 동시에 만족해야 한다. AND 연산자를 사용하면 특정 주제에 초점을 맞추어 검색하는 범위를 좁힐 수 있다. OR 연산자는 두 개 이상의 조건 중 하나라도 참인 결과를 검색한다. 검색식에서 사용한 키워드나 조건 중에서 하나라도 포함된 결과를 검색한다. 동의어나 관련 용어를 포함해서 넓은 범위를 검색할 수 있다. 일반적으로는 AND와 OR을 조합해서 검색식을 만든다. 평소에 특허 검색을 많이 하거나 검색하려는 기술에 밝으면 검색식을 만들어 사용하면 검색이 수월하다. AI와 다른 기

9 ‣ Google Patents https://patents.google.com/

10 ‣ 지식재산정보 검색 서비스 https://www.kipris.or.kr/khome/main.do

술이 융합한 특허를 검색하려면 검색식이 편리하다.

최근에는 AI와 다양한 기술을 융합한 형태의 발명이 늘어나는 경향이다. AI에 데이터, 사물 인터넷, 디지털 헬스케어, 바이오마커, 지능형 로봇, 자율주행, 3D 프린팅 기술을 융합한 발명이 많다. 여러 개의 기술을 융합한 특허는 하나의 분류에만 속하기 어려운 경우가 많다. 특허를 어디에 분류해도 완벽하게 분류하기는 어렵다. 인류 역사상 최초로 발명된 기술이라면 기존의 분류로는 도저히 분류할 수 없다. 하지만 어느 정도 기술이 진화한 상태라면 대부분의 발명은 기존 분류에 맞출 수 있다.

검색에 필요한 키워드를 모르거나 검색식을 만들기가 어렵다면 특허 분류를 기준으로 검색하는 방법도 있다. 특허 분류에는 크게 두 가지 방식이 있다.[11] 국제 특허 분류IPC와 협력적 특허 분류CPC 방식이다.

가) IPC

IPC는 기술 분야를 7만여 개로 분류하며 국제적으로 통일

11 ▸ CPC 및 IPC 분류코드 https://www.kipo.go.kr/ko/kpoContentView.do?menuCd=SCD0200269

된 특허 분류체계이다. 1968년 제1판이 도입되었다. AI를 지식 베이스 모델, 생물학적 모델, 수학 모델로 분류한다.

* 지식 베이스 모델(G06N5): 대규모 데이터에서 최적해를 찾아 제시하는 수법으로 전문가 시스템에 이용된다. 지식 베이스 모델은 지식 처리와 관련된 기술을 포함한다. 예를 들어, 언어 모델을 이용한 지식 베이스는 학습된 언어 모델을 이용해서 데이터를 여러 개의 조각으로 나눈 후에 예상되는 질문과 답변을 만든다. 지식 베이스를 이용한 답변은 사용자가 입력한 질문을 기반으로 관련 지식을 선별해서 AI가 대답을 생성한다. 데이터베이스에 저장된 문서들 사이에 존재하는 관계를 추출해서 지식 베이스를 확장하는 기술도 포함된다. 지식 베이스 모델의 하위 분류에 속하는 학습 및 추론은 AI가 인간처럼 학습과 다양한 지식을 바탕으로 추론해서 새로운 상황에 대한 답을 스스로 도출하는 기술이다. 심층학습의 핵심 기술이다.
* 생물학적 모델(G06N3): 인공 신경망과 유전 알고리즘을 포함하는 생물학적 모델은 인간이 뇌를 이용해 학습하는 방법을 기계에 적용한 기술이며 AI가 학습할 때 연산 모델로 사용한다. 생물학적 모델에 포함되는 기술은 패턴 인식이나 최적화 문제에 많이 사용된다. 하위 분류인 신경망 기반 기술에는 심층학습을 이용한 의료 영상 분석 기술이나 합성곱 신경망[CNN] 기반 분류기가 포함된다. 진화 알고리즘에는 유전 알고리즘을 이용한 최적화 문제와 진화 전략을 활용한 파라미터 튜닝 방법이 포함된다. 기타 생물학적 모델에는 인공 면역 시스템이나 개미 군집 최적화 방법 등이 포함된다.
* 수학 모델(G06N7): 주로 수학 원리에 기반한 컴퓨팅 모델과 알고

리즘이 포함되며 데이터 분석, 예측 모델링, 최적화 문제에 많이 사용된다. 하위 분류의 수학적 최적화는 선형 및 비선형 프로그래밍과 동적 프로그래밍 기술을 포함한다. 확률 및 통계 모델은 베이지안 네트워크와 마르코프 체인 및 몬테카를로 시뮬레이션을 포함한다. 수치 해석 및 계산은 수치적 미분 적분과 행렬 연산 및 선형 대수를 포함한다. 기계학습 알고리즘은 서포트 벡터 머신과 클러스터링 알고리즘을 포함한다.

나) CPC

효율적인 선행기술조사를 위해 미국과 유럽의 주도로 2012년 개발되었다. IPC보다 세분화해서 기술 분야를 26만여 개로 분류한다. 한국은 2015년 1월 이후 출원부터 IPC와 CPC를 함께 부여하고 있다. AI를 다음과 같이 분류한다.

* 핵심 기술과 기본 알고리즘(G06N): 심층학습 등 AI 알고리즘과 학습용 데이터 가공 기술이 포함된다. 세부 기술로는 신경망 기반 컴퓨팅, 학습 시스템, 기계학습 기반 시스템, 특정 문제 해결을 위한 AI 시스템, 지식 기반 시스템을 포함한다. 학습 시스템은 하위 분류에 심층학습을 포함한다.
* 전자 디지털 데이터 처리(G06F): 디지털 컴퓨터와 관련된 계산 모델과 알고리즘이 포함된다. 세부 기술로는 자연어 처리를 위한 언어 모델, 문제 해결을 위한 계산 모델과 AI 알고리즘을 포함한다.
* 데이터 인식(G06K): 패턴 인식, 이미지 분석, 컴퓨터 비전을 포함한

다. 세부 기술로는 신경망을 사용한 패턴 인식을 포함한다.

* 제어 시스템(G05B): AI 기반의 적응 제어 시스템이 포함된다. 세부 기술로는 AI를 사용한 산업 프로세스 제어가 포함된다.
* 음성 인식 및 처리(G10L): 음성 인식과 화자 인식을 포함한다. 세부 기술로는 자연어 처리와 연관된 음성 인식 시스템, 음성 합성 및 AI 기반 대화 시스템을 포함한다.
* 디지털 정보 전송(H04L): 네트워크에서의 기계학습, AI 기반의 데이터 전송 및 처리, AI를 사용한 데이터 교환 및 보안 시스템을 포함한다.
* 의료 진단 및 데이터 분석(A61B): 의료 진단 데이터를 분석하는 AI 시스템, 바이오메트릭 데이터 분석에 AI를 적용하는 방법이 포함된다.
* 이미지 통신(H04N): 디지털 이미지와 비디오 처리를 위한 컴퓨터 비전 및 영상 인식을 포함한다.
* AI 기술이 포함된 분류는 이외에도 컴퓨터 비전(G06V), 지능형 로봇(B25J) 등이 있다.

특허를 검색하면 아래의 경우에서 어느 하나에 해당한다.

선행기술이 특허로 등록되어 있다.

특허 명세서를 자세히 읽으면 왜 이런 특허를 출원했는지 목적을 이해할 수 있다. 만약 당신이 생각한 목적과 완전히 같다면 이 특허는 당신의 아이디어와 직접 비교하는 대상이 된다. 당신의 아이디어와 명세서의 내용을 상세하게 비교한다. 명세서를 비교한 후에는 청구범위를 보고 어떤 내용을 권리 범위에 포함했는지 확인한다. 목적이 같아도 수단이나 방법이 완전히 다르면 당신의 아이디어와 다르다고 판단할 수 있다.

선행기술은 특허 출원되어 공개 중이지만 아직 특허로 등록되지는 않았다.

공개된 명세서와 청구범위를 자세히 읽어본다. 아직 공개 중이므로 특허 등록까지는 시간이 걸리겠지만 가까운 미래에 특허 등록될 수 있다는 전제로 읽는다.

선행기술은 특허로 등록되었다가 일정 기간 후에 포기했다.

연차등록료를 납부하지 않으면 특허 포기가 된다. 왜 포기했는지 이유를 생각한다.

선행기술은 특허 출원되었으나 거절되었다.

왜 거절되었는지 이유를 살핀다. 만약 당신의 아이디어와 거의 비슷한데 거절되었다면 아이디어를 크게 수정해야 한다.

선행기술이 특허 출원되었는지 모르겠다.

특허 출원 후 18개월은 공개하지 않으므로 실제로 특허 출원했는지 알 수 없다. 비슷한 특허를 찾기 위해 검색어를 바꾸거나 검색식을 바꾸어 다시 검색한다. 검색 범위를 넓힌다.

선행기술을 찾지 못했다.

아무리 검색해도 특허를 찾지 못했다. 이외에도 공개된 자료를 최대한 검색했으나 선행기술을 찾지 못했다. 아무도 관련 기술을 발명하지 않았는지는 분명하지 않다.

- ☐ 선행기술을 발견하기 위해 어떤 자료를 검색했는가?
- ☐ 아무리 검색해도 아이디어와 같거나 비슷한 선행기술은 하나도 없는가?
- ☐ 선행기술은 어떤 과제를 해결하는가?
- ☐ 선행기술이 있다면 이를 다른 기술로 대체할 수 있나?
- ☐ 선행기술보다 더 나은 방법을 찾지 못하면 아이디어를 포기할 수 있나?

2) 아이디어는 발명이 된다

아이디어가 선행기술과 다르며 더 나은 효과를 기대할 수 있다면 지금부터는 아이디어를 발명이라고 불러도 된다. 발명은 선행기술을 구성하는 요소에 변화를 주고 진화한 아이디어다.[12] 기술이 진화한 형태는 종류가 다양하다. 선행기술에 새로운 기술을 부가하거나 일부 기술을 다른 기술로 치환한다. 선행기술의 일부 요소를 제거할 수도 있다. 선행기술의 구성 순서에 변경을 줄 수도 있다. 선행기술의 일부 요소를 더 작은 요소로 분할할 수도 있다. 단순하게 결합하던 여러 개의 요소를 하나로 융합할 수도 있다.

선행기술	A+B+C	
발명	부가	A+B+C+D
	치환	A+B+D
	제거	A+B
	변경	A+C+B
	분할	A+B1+B2+B3+C
	융합	ABC

■ 애플의 아이폰은 선행기술인 피처폰과 개인용 디지털 단말기PDA에 새로운 기술을 부가했다. 피처폰은 키패드를 사용하며 전화와 문자를 중심으로 하는 기기다. PDA는 터치스크린을 사용하며 앱을 제한적으로 사용했지만 통신 기능은

12 ▸ 川北喜十郎, 実例からわかる特許化の要点, 森北出版, 2022

약했다. 이에 비해 아이폰은 선행기술에 부가, 융합, 제거를 적용했다.

* 부가: 멀티터치 디스플레이, 직관적인 사용자 인터페이스. 제스처 기반 조작 기능
* 융합: 휴대폰, MP3 플레이어, 인터넷 브라우저
* 제거: 물리적인 키패드 제거

■ 2012년 등장한 알렉스넷AlexNet은 심층학습에 기반한 이미지 분류 기술이다.[13] 선행기술인 기존의 이미지 분류 기술은 수작업으로 설계된 특징 추출과 얕은 신경망을 사용하므로 이미지를 오인하는 비율이 높았다. 이에 비해 알렉스넷은 선행기술에 부가, 치환, 변경을 적용했다.

* 부가: 깊은 합성곱 신경망CNN 구조, 렐루ReLU 활성화 함수, 드롭아웃Dropout 정규화 기법
* 치환: 수작업 특징 추출을 데이터 기반의 종단간End-to-end 학습으로 치환
* 변경: 다층 CNN에서 계층적 특징 학습 순서를 최적화

13 ▸ 알렉스넷 https://en.wikipedia.org/wiki/AlexNet

■ 퇴사 확률을 예측하는 아이디어 역시 이와 같은 방법으로 발명으로 진화할 수 있다. 만약 선행기술이 로지스틱 회귀나 설문에 기반한 퇴사 확률 예측이라면 여기에 새로운 기술을 부가, 치환, 제거, 융합할 수 있다.

* 부가: 장단기 메모리[LSTM] 모델을 이용해서 시계열 데이터를 분석하는 등 심층학습에 기반한 예측 모델을 부가
* 치환: 단순히 통계 처리하던 모델을 AI 모델로 치환
* 제거: 수작업으로 데이터 전처리하던 단계를 제거하고 특징을 자동 추출
* 융합: 직원의 근무 데이터와 시장 동향과 같은 외부 데이터를 융합

조직에서 진행된 모든 발명은 발명신고서를 작성해서 보고해야 한다. 담당 부서에서는 발명신고서를 평가해서 특허 출원 여부를 결정한다. 발명신고서는 조직 내부에서 공유하여 후속 발명을 유도한다. 발명신고서에는 다음 사항을 기재한다.

* 기본 사항: 발명의 명칭, 발명자 성명 및 소속, 발명자별 기여율, 발명 일자
* 발명 사항: 발명의 배경, 발명의 목적, 발명의 구성, 발명의 구체적 내용, 발명의 효과, 실시예, 실험 결과
* 응용 사항: 발명의 활용 계획, 관련 특허, 권리 귀속, 해외 출원 여부, 기타 특이 사항

☐ 선행기술에 새로운 기술을 부가하는가?

☐ 선행기술의 일부를 다른 기술로 치환하는가?

☐ 선행기술의 일부를 제거하는가?

☐ 선행기술의 구성 순서에 변경을 주는가?

☐ 선행기술의 요소 여러 개를 하나로 융합하는가?

II

기술을 선점한다

특허 출원을 준비한다
특허를 출원한다
특허를 등록한다

특허 출원을 준비한다

1. 특허를 이해한다

1) 특허는 가장 먼저 출원해야 한다

기술 수준과 시장 환경이 비슷한 시기에는 자연스럽게 비슷한 내용의 발명이 많이 나온다. 발명은 높은 수준의 기술 사상을 창작한 결과물이다. 결과물을 법으로 보호하려면 특허로 출원해야 한다. 여기서 문제가 생긴다. 같은 날에 비슷한 발명이 여러 건 출원된다면 어떤 발명에 우선권을 주어야 할지 정해야 한다. 우선권은 두 가지 경우를 생각할 수 있다. 선출원주의와 선발명주의다.

선출원주의는 가장 먼저 출원한 사람에게 특허권을 부여하는 방식이다. 한국을 포함해서 세계 대부분 국가에서 채택하고 있다. 미국은 2013년 이후부터 채택하고 있다. 언제 발명했는지보다 언제 출원했는지가 중요하므로 발명자는 신속하게 출원해야 한다. 같은 날에 서로 다른 특허가 두 건 출원되었다고 하자. 내용을 보니 내용은 완전히 똑같다. 이런 경우에 우선권은 어디에 있을까?

답은, 어디에도 없다. 출원인 둘이 협의해서 지정한 어느 한쪽 출원인만 특허를 등록할 수 있다. 특허는 하나에만 부여된다. 만약 출원인들이 협의하지 못하고 계속 경쟁하면 둘 다 심사에서 거절당하고 아무도 특허를 등록하지 못한다.[1]

그러므로, 당신의 머릿속에 기발한 아이디어가 있다면 특허 출원하기 전에는 아무에게도 말하면 안 된다. 당신의 아이디어를 들은 사람이 당신보다 먼저 특허 출원하면 당신은 나중에 특허를 출원해도 의미가 없다. 선출원주의는 우선권을 정하기 쉽다는 장점이 있지만 동시에 단점도 있다. 출원 시점이

1 ▸ 특허법 제36조(선출원) 제2항 (협의 우선 원칙) https://casenote.kr/%EB%B2%95%EB%A0%B9/%ED%8A%B9%ED%97%88%EB%B2%95/%EC%A0%9C36%EC%A1%B0

가장 중요하기 때문에 충분히 완성되지 않은 발명을 성급하게 출원할 가능성이 크다.

선출원주의에서 특허는 가장 먼저 출원해야 한다. 특허는 처음으로 출원한 기업이 시장에서 경쟁 우위를 차지하는 선점 효과가 크다. 선점 효과는 AI처럼 빠르게 진화하는 분야일수록 중요한 지식재산 전략이다. 가장 먼저 특허를 출원하고 기술을 선점하면 다른 기업에 기술 사용을 허락하는 라이선스 계약을 하고 수익을 낼 수 있다. 경쟁자가 비슷한 기술을 개발해도 특허 침해 소송으로 기술 사용을 저지할 수 있다. 특허는 기술 혁신의 증거이므로 투자자를 끌어들이는 데 도움이 된다. 고객은 특허를 근거로 기업의 기술력을 인정한다.

예를 들어, 구글은 트랜스포머 모델 특허를 기반으로 검색 엔진과 번역 서비스에서 선점 효과를 누린다. 특허 출원과 유지에 돈과 시간을 투입해야 하지만 그 이상의 효과를 얻고 있다. 아마존이 등록한 원클릭 결제 특허는 아마존이 온라인 결제 시장을 선점하는 데 크게 공헌했다. 딥마인드의 알파폴드는 단백질 구조 예측 AI 특허를 기반으로 생명과학 시장을 선점하고 있다. 경쟁자는 비슷한 기술로 다른 특허를 내거나 특허 회피 설계로 우회해야 한다.

특허를 등록하면 보통 20년 동안 기술을 독점할 수 있으며 경쟁자는 특허권자의 허락이 없으면 기술을 사용할 수 없다. AI 특허는 독점 기간의 의미가 변할 수 있다. AI는 기술 진화가 너무 빠르기 때문에 오래된 기술은 독점 기간이라도 사용하지 않을 수 있다.

선발명주의는 가장 먼저 발명한 사람에게 특허권을 부여하는 방식이다. 2013년까지 미국에서 적용했으나 지금은 공식적으로 사용하는 국가는 없다. 가장 먼저 발명했다는 사실을 증명하기 위해 발명 시점이 명확하게 드러난 연구 노트, 실험 기록, 증거 자료를 제시해야 한다. 하지만 과거의 발명 시점을 증명하기 어렵고 특허 분쟁이 발생할 가능성이 크다. 선발명주의 분쟁 사례로 DNA를 정밀하게 절단해 유전자를 편집하는 크리스퍼 유전자 가위 특허 분쟁이 유명하다. 2012년 5월 UC버클리대학교를 중심으로 하는 연구팀[CVC]은 특허를 출원했으며 2018년 6월 특허 등록되었다. 한편, 2012년 12월 하버드대학교와 MIT가 공동 운영하는 브로드연구소는 유사한 발명을 특허 출원하고 신속 심사제도를 이용해서 2014년 4월 특허 등록되었다. 두 연구팀이 특허를 출원하고 등록하는 사이에 2013년 3월 16일부터 미국특허청의 우선권 부여 방식이 선발명주의에서 선출원주의로 변했다. 그로 인해 문제가 복잡해졌다. CVC의 특허에는 선발명주의가 적용되고 브로드연구소의 특허는 선출원주의가 적용됐다. 2022년 미국특허청은 브로드연구소의 특허를 인정하는 결정을 내렸다. 하지만 2025년 미국 연방항소법원에 의해 결정은 원점으로 돌아갔다.[2] 연방항소법원은 증거 부족과 법적 오류를 근거로 들며 최초 발명자가 누군지 처음부터 다시 심리하라고 명령했다. CVC 특허가 인정받을 가능성이 생겼다. 크리스퍼 유전자 가위 특허 분쟁에는 한국의 툴젠도 중요한 당사자로 소송을 진행하고 있다.[3]

어떤 기술을 특허 출원할 수 있을까? 사용하지 않는 기술이나 파급 효과가 적은 기술을 특허로 출원하기에는 투입되는 자원에 비해 예상되는 효과가 너무 적다. 상상 속의 기술이며 실제로 구현하기는 아직 불가능한 기술도 있다. 특허 출원이 가능한 기술을 구분하기 위해 기술을 네 그룹으로 구분

2 ▸ Federal Circuit Clarifies Standard for Patent Conception in Ongoing CRISPR Dispute https://www.whitecase.com/insight-alert/federal-circuit-clarifies-standard-patent-conception-ongoing-crispr-dispute

3 ▸ 美 연방 항소법원, 크리스퍼 유전자 가위 원천특허 분쟁 재심 명령 https://www.thebionews.net/news/articleView.html?idxno=15066

할 수 있다.[4] 현재 시점에 특정 기술을 구현할 수 있는지 여부와 현재 시점에 세상에 있는지 여부를 기준으로 한다. 그러면 네 그룹의 특징이 나타난다.

A그룹은 기술을 구현할 수 있으면서 현재 세상에 있는 기술이다. 기술 수준이 어떤지 확인하고 특허를 조사하면 해당하는 기술을 찾을 수 있다. B그룹은 기술을 구현할 수는 있지만 현재 세상에 없는 기술이다. 이런 기술은 특허 출원할 필요가 있는지 판단한다. C그룹은 기술을 구현할 수는 없으나 현재 세상에 있는 기술이다. 표현을 보면 논리가 모순되므로 이런 기술이 있는지 찾을 필요가 없다. D그룹은 기술을 구현할 수 없으며 현재 세상에 없는 기술이다. 당분간 잊고 있다가 시간이 충분히 흐른 후에 다시 찾아본다.

A그룹, B그룹, D그룹에 해당하는 기술은 얼마든지 특허 출원할 수 있는 후보다. A그룹은 현재 있는 기술을 얼마나 개선할 수 있는지에 따라 발명에서 특허 출원으로 이어질 수 있다. 특허를 조사해서 발명한 내용과 완전히 똑같은 특허가

4 ▸ Michio Kaku, <Physics of the Impossible: A Scientific Exploration into the World of Phasers, Force Fields, Teleportation, and Time Travel>, Anchor, 2009

이미 등록되어 있으면 진행을 포기한다. 완전히 똑같은 특허가 없거나 더욱 진보한 기술을 발명했다면 빠르게 특허 출원한다. B그룹은 당장 발명을 시작할 수 있다. 기술을 구현하는 방법을 정리해서 빠르게 특허 출원한다. 아직은 완벽한 수준으로 구현하지 못하더라도 발명의 진보성은 제시할 수 있다. D그룹은 계속해서 관심을 가지고 관련 기술을 추적한다.

- □ 아직 특허 출원하지 않은 아이디어를 외부에 공개한 적이 있는가?
- □ 다른 사람이 내 아이디어를 듣고 특허 출원한 적이 있는가?
- □ 특허를 출원한 경험이 있는가?
- □ 어느 국가에 특허를 출원하고 싶은가?
- □ 특허를 출원하지 않고 노하우로 숨기는 게 더 좋은가?

2) 거절할 이유가 없으면 특허 등록된다

특허 등록을 기업에서 사원을 채용하는 방식과 비교해 보자. 사원을 채용하는 방식은 두 가지를 생각할 수 있다. 우수한 지원자를 채용하는 방식과 문제가 없는 지원자를 채용하는 방식이다. 우수한 지원자를 채용하는 방식은 지원자가 제출한 근거자료를 보고 우수하다고 판단하면 채용한다. 문제가 없는 지원자를 채용하는 방식은 다르다. 지원자에게 문제가 있다고 지적할 만한 근거자료가 하나도 없으면 채용한다.

특허 등록은 문제가 없는 지원자를 채용하는 방식에 가깝다. 특허 등록을 거절할 수 있는 이유가 하나도 없으면 특허 등록이 가능하다. 목적이 훌륭하고 기술이 뛰어나다는 사실보다 특허 등록을 거절할 이유가 하나도 없다는 사실이 더 중요하다. 특허 등록을 거절할 이유에 경제적인 가치는 포함되지 않는다. 특허 등록을 거절하는 이유에는 일반적인 기준이 명확하게 존재한다.

* 자연법칙 위반: 인위적으로 만든 경제 법칙이나 수학 공식은 특허 대상이 아니다. 자연법칙을 따르는지는 발명의 전체 모습을 보고 판단한다. 소프트웨어와 하드웨어가 협력해서 구체적인 수단이나 방법으로 목적을 달성하면 자연법칙을 이용했다고 판단한다. 예를 들어, 피타고라스 법칙은 수학 법칙이라서 특허 대상이 아니지만 피타고라스 법칙을 이용해서 새로운 기술을 개발하면 특허 대상이다.

* 인위적인 결정: 예를 들어, 알파벳과 특수문자를 조합한 패스워드로 사용자를 식별하는 방법은 인간이 이 방법을 지켜야 하기 때문에 인위적인 결정에 해당하므로 특허 대상이 아니다.

* 인간의 정신활동이나 오프라인에서 인간의 행위: 예를 들어, 쓰레기를 배출할 때 개인정보가 입력된 바코드 스티커를 쓰레기봉투에 부착하는 방법은 인간의 정신활동에 해당하므로 특허 대상이 아니다.

* 단순한 정보 제시: 예를 들어, 세탁기 조작 방법에 관한 설명서는 단순한 정보를 제시하는 수준이므로 특허 대상이 아니다.

□ 아이디어는 순수한 영업 방식인가?
□ 아이디어를 구현하려면 인간의 결정이 필요한가?
□ 아이디어는 인간의 정신활동인가?
□ 아이디어는 인간이 오프라인에서 하는 행위인가?
□ 발명한 결과물은 컴퓨터 프로그램인가?

3) AI 특허 요건을 이해한다

AI 특허는 기계학습 기반의 AI가 있어야 실시할 수 있는 발명이다.[5] 특허법에서 정의하는 발명에는 물건 발명과 방법 발명이 있다. AI 특허는 물건 발명일까, 방법 발명일까?

AI 특허는 방법 발명이다.

AI가 학습 데이터 구조를 분석하고 학습해서 학습 완료 모

5 ▸ 기술 분야별 심사 실무 가이드 https://www.kipo.go.kr/ko/kpoContentView.do?menuCd=SCD0200147

델을 생성하는 기술이라면 이는 방법 발명에 해당한다. AI 특허는 소프트웨어로서의 프로그램 발명에 속한다. 프로그램 발명은 과제를 해결하기 위해 특정한 알고리즘을 구현한다. 예를 들어, 검색 엔진에 특정 키워드나 문장을 입력하면 알고리즘을 통해서 결과를 제시한다는 식이다. 프로그램을 개발하려면 먼저 아이디어를 도출해야 하는데 이런 아이디어는 기술 사상에 해당한다. 프로그램은 기술 사상인 아이디어와 완성된 코드의 결합이다. 프로그램을 개발하기 위해 도출한 아이디어는 기술 사상으로 특허 대상이다. AI 특허 출원에는 프로그램의 소스 코드가 없어도 된다.

AI 특허는 시계열로 처리하거나 조작하는 방법에 관한 발명이 많다. 학습 데이터 구조를 근거로 최종값을 산출하기 위한 단계별 학습 방법을 설명한다. AI가 학습 데이터 구조를 근거로 반복 학습을 통해 스스로 최적해를 설정하고 결과물을 도출하는 단계는 인간이 아니라 하드웨어에 의해 이루어진다는 점을 명확하게 설명해야 한다. 통상의 프로그램 발명에 학습 데이터 구조 및 학습 전 파라미터를 이용하는 학습 모델이 추가된다.

AI 특허는 물건 발명이다.

AI가 하드웨어나 시스템과 결합해서 물건을 구성하면 이를 작동시키는 여러 개의 기능을 표현할 수 있다. 예를 들어, AI 청소기라면 실시간으로 학습하며 청소하기 위해 하드웨어를 작동시키는 여러 기능이 필요하다. AI를 탑재한 자율주행 자동차 시스템이나 AI를 탑재한 드론처럼 AI가 물건의 주요 기능을 구현한다. 그러므로 AI 특허는 물건 발명이라 할 수 있다.

AI 특허는 물건 발명과 방법 발명의 결합이다.

하드웨어에 더해 AI가 학습하는 방법이나 시스템까지 포함하면 특허가 된다. 예를 들어, AI 청소기는 물건으로서의 청소기와 방법으로서의 AI 알고리즘을 결합한다. 청소기와 같은 하드웨어의 출력을 정확하게 제어할 수 있도록 AI가 학습하는 방법을 구체적으로 설명한다. 과제를 해결하는 주체는 물건으로서의 청소기다. AI 알고리즘을 청소기나 컴퓨터와 같은 하드웨어로 구현하는 발명이다.

물건 발명과 방법 발명의 결합으로서 AI 특허를 구성할 때 필요한 요소는 다음과 같다. AI를 구현하는 물건인 하드웨어, 인간의 기능을 대체하는 방법인 알고리즘, AI가 학습하는 데이터의 구조, 학습 데이터를 학습해서 최적해를 도출하는 소프트웨어. AI가 생성하는 결과 데이터를 활용하는 방법.

필요한 요소는 다음과 같다.

AI 특허에서 블랙박스 구조는 전략적으로 판단한다.

학습모델을 블랙박스 구조로 두면 내부 작동이 불투명하고 구현 방식을 구체적으로 설명하기 어렵다. 설명이 부족하면 학습모델에 어떤 특징이 있는지 판단하기 어렵다. 그러므로 학습모델의 블랙박스 구조는 신규성, 진보성, 산업에서 이용 가능성을 고려해서 설명의 범위를 정해야 한다. 블랙박스 구조로 제시해도 특정 과제를 해결한 결과가 명확하고 더 나은 효과를 기대할 수 있으면 진보성을 인정할 가능성이 크다. 자율주행이나 음성 인식처럼 특정 분야에 최적화된 모델이나 독창적인 데이터와 훈련 방식에도 진보성을 인정할 가능성이 크다. 시간을 줄이거나 비용을 절감하는 식으로 선행기술에 비해 더 나은 효과를 보이면 진보성을 인정할 가능성이 크다.

심층학습은 합성곱 신경망CNN이나 순환 신경망RNN과 같은 기존 알고리즘이나 데이터에 의존하는 경우가 많다. 새로운 구조나 학습 방법을 사용해서 선행기술과 차별화하지 않으면 진보성을 인정하기 어렵다. 재현성 문제도 있다. 심층학습은 데이터, 하이퍼파라미터, 초기화 조건이 다르면 결과가 달라지기 때문에 명세서를 보고 발명을 재현하기 어렵다. 이런 한계를 극복하려면 블랙박스 내부의 작동을 일부분이라도 투명하게 제시하고 더 나은 효과를 상세하게 설명해야 한다. 블랙박스 구조는 그대로 두고 학습용 데이터나 데이터 전처리처럼 데이터에 집중해서 설명할 수도 있다.

- ☐ AI를 활용하는 방법을 제시하는가?
- ☐ AI를 활용하는 물건을 제시하는가?
- ☐ AI를 활용하는 방법과 물건을 함께 제시하는가?
- ☐ AI를 구현하는 소스 코드가 있는가?
- ☐ AI를 구현하는 데이터는 명확하게 지정되었나?

2. AI 특허의 기본 구조: (1) 학습 단계

AI를 학습하고 활용하는 과정은 두 단계로 나눌 수 있다.[6]

6 ▸ 기술 분야별 심사 실무 가이드 https://www.kipo.go.kr/ko/kpoContentView.do?menuCd=SCD0200147

학습 단계와 추론 단계다. 학습 단계는 다시 네 영역으로 구분할 수 있다. 학습용 데이터, 데이터 전처리, 학습모델, 물리적 구현이다.

* 학습용 데이터 영역에서는 원시 데이터를 수집해서 학습용 데이터를 확보한다.
* 데이터 전처리 영역에서는 학습에 이용할 수 있도록 데이터를 처리한다.
* 학습모델 영역에서는 학습 환경을 구성하고 하이퍼파라미터를 최적화하는 등 학습 방법을 정의한다. 올바른 하이퍼파라미터를 선택해야 모델 성능과 정확도를 향상시킬 수 있다. 학습 단계에서 하이퍼파라미터 선택에는 많은 시간과 노력이 필요하다. 경험에 의한 부분이 많기 때문에 노하우에 해당한다.
* 물리적 구현 영역에서는 기계학습 모델을 물리적으로 구현한다.

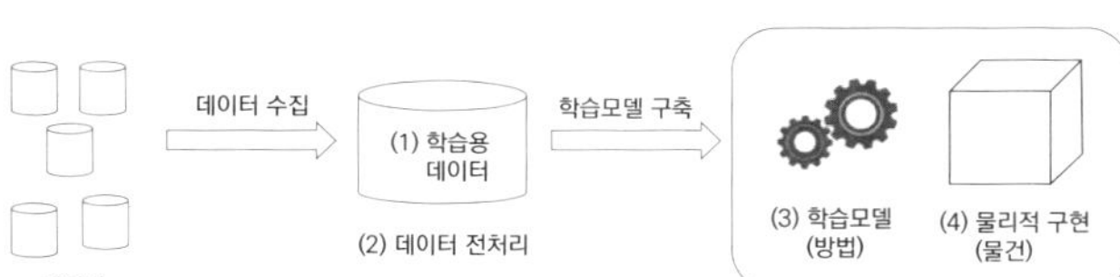

AI 학습 단계

1) 학습용 데이터에 관한 발명인가?

학습용 데이터에서 가장 먼저 해결해야 하는 문제는 데이터의 양이다. AI 모델을 학습시키려면 학습용 데이터를 충분히 확보해야 한다. 학습용 데이터의 양이 너무 적으면 AI 모델을 구축하기 어렵고 AI 모델의 예측 정확도가 낮아진다.

어느 정도의 양이면 충분하다고 할 수 있을까? AI 모델 구축에 필요한 데이터의 양은 주어진 문제와 해결 수준에 따라 다르다. 필요한 양을 숫자로 정의하기는 어려우나 양을 정하는 기준은 있다. 예를 들어, 선형 회귀 문제나 간단한 분류처럼 단순한 문제라면 데이터는 수백에서 수천 개 있으면 해결할 수 있다. 스팸 이메일을 분류하는 문제는 만 개 정도의 데이터가 있으면 된다. 이미지 분류나 자연어 처리처럼 복잡한 문제를 해결하려면 데이터는 수백만 개 정도 필요하다. 자연어 처리를 위해서 수백만 개의 문장을 이용하는 식이다. 필요한 데이터의 양은 어떤 변수를 피처로 설계하는가에 따라서도 변한다. 피처는 기계학습에서 분석이나 예측에 사용되는 입력 변수를 말한다. 일반적으로 룰 베이스의 기계학습에서는 데이터가 만 개 정도 필요하다. 기계학습의 랜덤 포레스트에서는 데이터가 수천 개 있어도 된다.

데이터의 양을 확보하기 위해 타인의 데이터를 학습용으로 사용할 수 있을까? 한국에서는 저작자의 정당한 이익을 부당하게 해치지 않으면 저작물을 사용할 수 있다.[7] 연구개발을 목적으로 하는 텍스트나 데이터 마이닝 분석은 허용될 수 있다는 의미다. 미국에서는 공정한 이용을 목적으로 하면 타인의 데이터를 사용할 수 있다.[8] 예를 들어, 과거에 발행된 타인의 출판물을 구글이 무단으로 사용해서 디지털 작업을 하고 결과물을 검색에 활용했는데 이를 두고 공정한 이용이라고 인정한 사례가 있다. 미국에서는 인간이 창작하지 않고 AI가 생성한 데이터에는 저작권이 인정되지 않는다.[9] 유럽이나 일본에서도 연구 목적이라면 타인의 데이터 사용을 허용하는 경우가 많다.

데이터의 양과 함께 품질도 고려해야 한다. 데이터의 양이 적어도 데이터 품질수준이 높으면 원하는 결과를 얻을 수 있을 정도다. 정확하게 라벨링된 데이터가 천 개 있는 경우와

7 ▸ 저작권법 제35조의5 (저작물의 공정한 이용) https://casenote.kr/%EB%B2%95%EB%A0%B9/%EC%A0%80%EC%9E%91%EA%B6%8C%EB%B2%95/%EC%A0%9C35%EC%A1%B0%EC%9D%985

8 ▸ 17 U.S.C. 107 – Limitations on exclusive rights: Fair use https://www.govinfo.gov/app/details/USCODE-2010-title17/USCODE-2010-title17-chap1-sec107?utm_source=chatgpt.com

9 ▸ Copyright and Artificial Intelligence, Part 2: Copyrightability https://www.copyright.gov/ai/Copyright-and-Artificial-Intelligence-Part-2-Copyrightability-Report.pdf

잘못된 라벨이 섞인 데이터가 만 개 있는 경우에는 천 개 데이터를 이용하는 편이 오히려 더 나은 결과를 만들 수 있다. 학습 데이터의 품질은 AI 모델 성능에 직접적인 영향을 미친다. 데이터 품질을 평가하기 위해 오류, 일치, 범위, 조화를 기준으로 사용할 수 있다.

오류

데이터는 사실과 일치하며 오류나 잡음이 없어야 한다. 학습용 데이터에 라벨을 표시할 때 정확하게 표시하지 않으면 AI 모델은 잘못된 패턴을 학습하게 된다. 데이터 라벨링 결과를 여러 번에 거쳐 교차 검증하면 정확성을 높일 수 있다. 라벨링 오류를 얼마나 허용할지에 관한 법적 기준은 없다. 하지만 데이터 라벨링 기업에서는 최소 기준으로 오류율 5퍼센트 미만을 품질 관리 기준으로 삼는다. 라벨링 오류는 전체 데이터의 5퍼센트를 넘지 않아야 한다는 의미다.[10] 오류율이 5퍼센트 이상이면 기준 미달이라고 판단하고 전량 재검증하거나 재작업한다. 의료 데이터나 자율주행

10 ▸ A Manual for Machine Learning's Quality Assurance of Data Labeling https://www.cogitotech.com/blog/a-guide-to-data-labeling-quality-assurance-in-machine-learning/

데이터처럼 데이터에 높은 부가가치가 필요한 경우에는 오차 허용한계는 더 낮아진다. 오류를 확인하려면 무작위 샘플링 수법을 사용한다.

일치

같은 종류의 데이터에 표시하는 라벨은 형식, 구조, 라벨링 기준이 일치해야 한다. 같은 이미지에 서로 다른 라벨이 부여되면 AI 모델은 원하는 수준의 학습 성능을 내지 못한다. 미국식품의약국FDA은 영양성분 라벨링 데이터의 형식과 라벨링은 전체 데이터에 대해 95퍼센트 신뢰구간 이상 일치해야 한다고 명시하고 있다.[11] 라벨링 데이터의 형식과 값이 전체 데이터의 95퍼센트 이상 일치하고 정확해야 한다는 의미다. FDA 가이드에 맞추어 데이터 라벨링 기업에서는 95퍼센트를 최소 기준으로 삼는다. 99퍼센트를 넘어 거의 100퍼센트를 목표로 하는 기업도 많다.

11 ▸ Guidance for Industry: Guide for Developing and Using Data Bases for Nutrition Labeling https://www.fda.gov/regulatory-information/search-fda-guidance-documents/guidance-industry-guide-developing-and-using-data-bases-nutrition-labeling

범위

데이터는 AI 모델이 해결하려는 과제의 범위를 충분히 포함해야 한다. 데이터가 너무 좁은 범위에 몰려 있으면 AI 모델의 일반화 능력이 약해지고 편향된 결과를 만든다. 예를 들어, 얼굴인식 모델이라면 세계의 다양한 인종의 얼굴을 학습해야 한다. 경험칙으로 말하자면, 과제의 범위는 90퍼센트 이상 포함해야 한다.

조화

데이터는 클래스나 카테고리 분류가 조화를 이루어야 한다. 예를 들어, 데이터를 두 종류로 분류하면 각 종류에 포함되는 비율은 절반씩 비슷해야 한다. 비율이 1대 1이면 이상적이다. 한쪽에는 10퍼센트 포함되고 다른 쪽에는 90퍼센트 포함된다면 모델은 90퍼센트에 해당하는 사례만 예측할 수 있다. 특정 분류에 데이터가 너무 부족하면 이 분류에는 가중치를 더 높이 부여한다. 클래스 가중치 조정 방법은 기계학습에서 클래스 불균형 문제를 해결하기 위한 대표적인 방법의 하나다. 데이터가 적은 클래스에 더 높은 가중치를 부여하고 AI 모델이 소수 클래스를 중요하게 학습하도록 유도한다.

□ 데이터의 양은 충분한가?

□ 데이터는 오류가 적은가?

□ 데이터는 사실과 일치하는가?

□ 데이터의 범위는 과제를 충분히 포함하는가?

□ 데이터 분류는 조화를 이루는가?

2) 데이터 전처리에 관한 발명인가?

AI는 데이터를 분석해서 일반적인 규칙이나 패턴을 추론하는 귀납적 학습 방식을 기반으로 한다. 데이터에서 주요 특징을 도출하는 방법이나 규격화된 학습 데이터를 생성하는 방법을 구체적으로 설명해야 한다.

수집한 학습 데이터에는 대부분 결함이 있어 학습에 그대로 이용하기 어렵다. 학습 데이터의 품질이 나쁘면 AI 모델의 예측 결과도 부정확하다. 데이터 품질은 모델 성능에 직결하므로 데이터 전처리 과정을 통해서 분석에 적합한 형태로 가공해야 한다. 학습 데이터를 사용하는 기술 분야도 고려해서 필요 없는 데이터를 삭제하거나 결측치를 채우며 이상치를 보정한다. 데이터 전처리 과정은 먼저 데이터 정제를 진행하고 이어서 데이터 변환을 하며 마지막으로 데이터를 증강하는 경우가 많다. 합성 데이터의 품질을 높이기 위해 데이터를 증강한 후에 다시 데이터를 정제하기도 한다.

데이터 정제

수집한 데이터에는 값이 중복되어 있거나 아예 없는 경우가 많다. 일정한 범위를 벗어나 비정상적으로 크거나 작은 데이터도 섞여 있다. 부정확하거나 불완전한 데이터를 그대로 사용하면 AI 모델의 성능은 저하된다. 비정상적으로 크거나 작은 값은 제거하거나 변환한다. 데이터의 오류와 중복은 제거한다. 결측치는 대체하고 이상치는 제거한다. 값이 없는 결측치는 평균값이나 중앙값으로 대체한다. 대체가 어려운 경우에는 데이터가 속한 행이나 열을 제거할 수도 있다. 같은 데이터가 중복되어 있으면 하나만 남기고 나머지는 제거한다. 데이터 라벨이나 형식이 잘못되어 있으면 정확하게 수정한다. 이런 작업을 거친 데이터는 깨끗하다고 표현한다.

데이터 변환

AI 모델이 학습하기에 적합하도록 데이터를 일관된 형식과 적절한 크기로 변환한다. 예를 들어, 영어의 대문자와 소문자를 통일하고 날짜 형식도 통일한다. 데이터 변환에는 몇 가지 방법이 사용된다.

정규화는 데이터의 값을 0과 1 사이에서 조정한다. 데이터 범위가 0에서 1000까지인데 이를 0과 1로 정규화하면 데이터의 상대적인 크기를 유지하면서 척도를 통일할 수 있다.

표준화는 데이터의 평균을 0으로 하고 표준편차를 1로 조정한다. 데이터를 정규분포에 가깝게 만들어 통계 분석이나 모델링에 사용한다. 로그 변환은 데이터 값의 간격을 줄여서 분포를 균등하게 만들어 이상치의 영향을 완화한다. 데이터 분포가 특정한 곳으로 심하게 몰려 있을 때 사용한다. 원-핫 인코딩은 남녀를 구분하는 성별이나 혈액형과 같은 범주형 데이터를 숫자형 데이터로 변환한다. 남자는 [1, 0]으로 여자는 [0, 1]로 변환하는 식이다.

데이터 증강

의료 분야처럼 쉽게 확보하기 어려운 데이터는 충분한 양을 확보하기 어렵다. 데이터의 양이 충분해야 AI 모델의 일반화 능력이 향상되므로 데이터의 양이 부족하면 양을 늘려야 한다. 데이터의 양이 부족하거나 좁은 범위에만 데이터가 몰려 있으면 기존 데이터를 변형하거나 합성 데이터를 생성해서 데이터의 양을 늘리고 범위를 확장한다. 이미지 데이터는 회전하거나 뒤집어서 새로운 데이터를 생성한다. 문자 데이터는 동의어를 대체하거나 문장을 재구성한다. 수치 데이터는 노이즈를 추가하거나 합성 데이터를 생성한다.

- ☐ 데이터를 정제하는 방법인가?
- ☐ 데이터를 변환하는 방법인가?
- ☐ 데이터를 증강하는 방법인가?
- ☐ 데이터 전처리가 필요 없는 방법인가?
- ☐ 데이터 전처리하는 새로운 방법인가?

3) 학습모델에 관한 발명인가?

학습모델은 주로 기계학습과 심층학습에서 데이터를 학습하고 패턴을 인식하거나 예측하는 AI 모델을 말한다. AI 모델은 AI를 구현하는 모든 모델을 포함한다. 기계학습, 심층학습, 전문가 시스템 등을 모두 포함한다. 규칙 기반 시스템은 명시적으로 프로그램되며 학습하지 않아도 작동하기 때문에 학습모델이라고 하지 않는다. 이런 차이에도 불구하고 학습모델과 AI 모델을 동일하게 사용하는 경우가 많다. 이하에서는 학습모델을 AI 모델이라고 표현한다.

AI 모델 특허는 데이터를 이용해서 학습하는 방법에 관한 발명이다. 학습하기 전에 인간이 목표를 설정하지 않아도 입력된 학습 데이터 구조를 이용해서 알고리즘이 스스로 학습해서 목표값을 도출한다. 방법을 구체적으로 설명하려면 AI 모델의 학습에 필요한 학습 환경 구성, 학습모델 검증, 여러 개의 학습모델을 연계, 분산 또는 병렬 처리, 하이퍼파라미터 최적화를 구현하는 구성을 포함한다.

AI 모델을 학습시키는 지도학습은 과정을 세 단계로 구분할 수 있다. 먼저, 라벨링된 학습 데이터를 AI 모델에 입력한다. AI 모델이 출력값을 생성하면 학습 데이터에 라벨링된 정답과 비교한다. 출력값과 정답에 차이가 있으면 AI 모델의 내부 파라미터 값을 조정해서 차이를 줄인다. 학습 방법이 변하면 과정도 변한다. 비지도학습에서는 라벨이 없는 데이터를 이용하므로 비교할 만한 정답이 없다. 강화학습에서는 정답이 아니라 보상을 통해 학습한다. 자기지도학습에서는 데이터 일부를 가리고 예측하도록 라벨을 자체 생성한다.

AI 모델 특허는 빅테크가 많이 출원한다. 예를 들어, 2017년 구글은 트랜스포머 모델에 관한 특허를 출원했다.[12] 이 특허

12 ▸ Attention-based sequence transduction neural networks https://patents.google.com/patent/US10452978B2/en

는 트랜스포머의 핵심 구성 요소인 인코더, 디코더, 인코더에 디코더를 결합한 구조를 포함하고 있다. AI 모델은 구조를 약간 바꾸면 다양한 분야에서 사용할 수 있다. 구글은 이 특허를 기반으로 기술 장벽을 쌓으면서 동시에 오픈 소스로 개방해서 라이선스를 부여한다. 트랜스포머 기술을 사용하는 AI 모델이라면 구글의 특허 라이선스를 이용해서 운영될 가능성이 크다.

오픈 소스는 소스 코드를 공개하기 때문에 독점을 추구하는 특허와는 정반대 개념이다. 개발자는 소프트웨어 개발을 위해 오픈 소스를 자유롭게 사용할 수 있다. 오픈 소스를 공개한 조직은 평소에는 특허권을 주장하지 않지만 소송이 걸리면 소송 용도로 특허를 사용한다. 개인 개발자는 사용 조건이 자유로운 MIT 라이선스를 주로 사용한다. 자유롭게 사용, 복사, 수정, 배포할 수 있으며 소스 코드를 공개할 의무는 없다. 하지만 저작권 고지와 라이선스 문구를 포함해야 한다. 기업이나 기관은 상업적인 이용을 위해 아파치Apache 라이선스를 주로 사용한다. 아파치 소프트웨어 재단이 개발한 소프트웨어에 대한 라이선스이며 저작권을 양도하거나 전송할 수 있다.

- □ AI 모델의 지도학습에 관한 발명인가?
- □ AI 모델의 비지도학습에 관한 발명인가?
- □ AI 모델의 학습 방법에 어떤 특징이 있는가?
- □ AI 모델을 구성하는 기능에 관한 발명인가?
- □ AI 모델을 주로 사용하는 분야는 어디인가?

4) 물리적 구현에 관한 발명인가?

학습 단계에서 물리적 구현은 기계학습 모델을 하드웨어를 이용해 실제로 구현하는 과정을 말한다. 추상적인 알고리즘을 구현하는 물리장치나 시스템으로 변환한다. 예를 들어, AI 반도체나 프로세서를 이용할 수도 있고 하드웨어 가속기를 통할 수도 있다. 물리적으로 구현해서 AI 모델을 고속으로 처리하거나 에너지 효율을 향상하는 효과를 보여야 한다. 소프트웨어에 더해 하드웨어를 구성하는 요소를 구체적으로 설명해야 한다.

물리적 구현은 AI 모델을 소프트웨어로 구현할 때 발생하는 지연이나 소비 전력을 개선하기 위해 하드웨어를 최적 설계하는 발명도 포함한다. 병렬로 처리하거나 저전력으로 구현할 수 있도록 설계한다. 하드웨어 구성을 구체적으로 설명하면 추상적인 아이디어가 아니라 실제로 구현할 수 있는 발명이라고 인정하기 쉽다. 물리적 구현에 집중하는 특허는 주로 AI 반도체 설계와 가속기 구현을 대상으로 한다.

학습 단계의 물리적 구현은 추상적 알고리즘을 하드웨어로 변환해서 고속으로 처리한다. 예를 들어, 구글은 텐서 처리 장치TPU를 이용하는 딥러닝 학습 가속기를 개발했다.[13] 소프트웨어 시뮬레이션의 지연을 극복하기 위해 병렬 처리 아키텍처를 채택한다.

- □ 하드웨어 구현의 구체적인 구성 요소는 무엇인가?
- □ 하드웨어 구현은 선행기술과 비교할 때 어떤 효과를 만드는가?
- □ 소프트웨어와 하드웨어의 상호작용은 어떻게 이루어지는가?
- □ 하드웨어 구현으로 해결하려는 과제는 무엇인가?
- □ 하드웨어 구현은 주로 어떤 산업에 적용하는가?

13 ▸ Cloud 텐서 처리 장치(TPU) https://cloud.google.com/tpu

3. AI 특허의 기본 구조: (2) 추론 단계

추론 단계는 학습 완료된 AI 모델을 이용하는 단계이며 데이터 후처리와 AI 비즈니스로 구분할 수 있다.

* 데이터 후처리는 AI 모델이 출력한 데이터를 가공하는 작업이다.
* AI 비즈니스는 출력 데이터를 활용해서 경제적인 가치를 창조하는 작업이다.

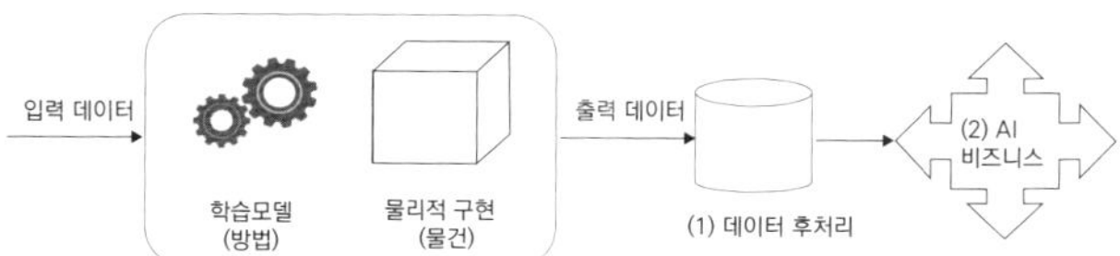

AI 추론 단계

1) 데이터 후처리에 관한 발명인가?

학습이 완료된 AI 모델에 데이터를 입력하면 출력 데이터를 생성한다. 생성된 출력 데이터가 과제를 완벽하게 해결한다는 보장은 없다. 출력 데이터가 정확하지 않거나 품질수준이 낮다면 AI 모델이 생성한 출력 데이터를 가공해서 정확도를 높여야 한다. 데이터 후처리는 AI 모델의 출력 데이터를 가공하는 작업이다. 미래를 더욱 정확하게 예측하거나 개인화 수준을 높이기 위해 후처리한다. AI 모델의 성능을 최대한으로 끌어올려서 산업에서 활용하려면 데이터 후처리가 제대로 되어야 한다. 예를 들어, AI가 의료 영상을 아무리 깊이 분석해도 후처리를 제대로 하지 않으면 잘못 진단할 가능성이 크다.

데이터 후처리는 생성 모델과 분류 모델에서 많이 적용된다. 생성 모델에서는 AI 모델이 생성한 문장을 인간이 쉽게 읽을 수 있고 표현이 자연스럽다고 느끼도록 후처리한다. 문장에 잘못된 철자나 문법의 오류가 있으면 수정한다. 문맥에 맞는 단어를 선택하는 작업도 필요하다. 생성된 이미지는 후처리를 통해 해상도를 개선한다. 데이터 후처리한 결과는 정답과 일치해야 하며 노이즈나 오류가 줄어야 한다. 데이터 후처리에는 다음과 같은 작업이 포함된다.

* 노이즈 제거는 불필요하거나 잘못된 데이터가 있으면 이를 제거하는 작업이다.
* 정규화는 데이터를 일관된 형식으로 변환하는 작업이다.
* 필터링은 특정 기준에 따라 필요한 데이터만 선택하는 작업이다.
* 시각화는 출력 데이터를 그래프나 보고서 형태로 만드는 작업이다.
* 출력 데이터를 기반으로 통계 분석이나 패턴 도출을 추가로 진행하기도 한다.

- ☐ 학습 완료한 AI 모델이 생성한 출력 데이터에 관한 발명인가?
- ☐ 특정 과제에 한정된 후처리 방법인가?
- ☐ 출력 데이터를 그대로 사용하면 무엇이 문제인가?
- ☐ 출력 데이터를 후처리하면 어떤 효과를 기대할 수 있나?
- ☐ 출력 데이터를 제대로 후처리했는지 어떻게 판단할 수 있나?

2) AI 비즈니스에 관한 발명인가?

AI 특허는 크게 보면 두 가지로 구분할 수 있다. AI 기술에 집중한 특허와 AI 활용에 집중한 특허다. AI 기술에 집중한 특허는 학습모델 구조나 알고리즘에 관한 발명이 많으며 학습용 데이터와 데이터 처리 기술을 프함한다. 학습모델을 개발하기에는 기술의 진입장벽이 높다.

현실에서는 이미 공개된 학습모델을 이용해서 AI 활용에 집중하는 AI 비즈니스 특허가 더 많다. AI 비즈니스란 학습 완료된 AI 모델을 활용해서 새로운 가치를 제공하는 방법이며 출력 데이터 가공 및 활용, 출력 데이터에 기반한 생산, 출력 데이터에 기반한 처리 방법을 포함한다. AI 비즈니스는 주로 비즈니스 메소드 형태로 표현된다. 비즈니스 메소드는 학습 완료된 AI 모델이 생성한 결과 데이터를 활용하는 방법론이다. 수학 알고리즘, 수학 공식, 경제 법칙, 금융 법칙, 게임 규칙은 특허 대상이 아니다. 영업 방식 역시 인간이 정하고 이대로 따르면 되므로 특허 대상이 아니다. 하지만 영업 방식을 AI를 이용해서 구현하는 방법은 특허 대상이다. 이런 특허를 비즈니스 메소드[BM] 특허라고 부른다.

비즈니스 메소드 특허에서는 AI를 어떤 과제에 어떻게 활용해서 어떤 가치를 생성하는지 상세하게 설명해야 한다. AI 모델을 어떻게 활용하는지가 중요하기 때문에 상대적으로 신경망 구조나 기술 요소는 구체적으로 설명하지 않아도 된다. AI를 어떻게 활용할지에 집중한다. AI를 이용해서 구현하는 비즈니스 메소드에 신규성과 진보성이 인정되면 특허로 등록된다. 예를 들어, 다음과 같은 발명이 가능하다. 사물 인터넷에 연결된 다양한 센서를 통해서 데이터를 수집한다. 데이터는 인터넷으로 연결되어 클라우드에 올리고 축적한다. 축적된 데이터를 AI 모델이 분석하고 새로운 형태의 서비스를 창조한다.

비즈니스 메소드 특허는 IPC 분류에서는 주로 G06Q로 분류된다. 세부 분류로는 관리/경영, 서비스업 일반, 전자상거래/마케팅, 금융이 포함된다. 구체적으로는 다음과 같은 내용이 포함된다.

행정 및 관리 분야의 데이터 처리, 지불 체계와 방식 또는 프로토콜에서 데이터 처리, 상업 활동 관련 데이터 처리, 금융/보험/세무에서 데이터 처리, 특정 사업에 적합한 시스템 또는 방법의 데이터 처리.

비즈니스 메소드 특허는 증가하고 있다.[14] AI가 다양한 산업으로 확산되면서 AI를 활용한 새로운 영업 방식이 늘어나고 있기 때문이다. 숙박업, 음식업, 부동산업, 운수업, 통신업이 많으며 뒤를 이어 관리와 경영이 많다. 여기에는 사내 업무 시스템, 생산 관리, 재고 관리, 프로젝트 관리, 인원 배치가 포함된다. 전자상거래와 마케팅 분야에서는 경매, 시장 예측, 온라인 광고가 많다.

- □ AI 비즈니스 메소드에 관한 발명인가?
- □ AI를 활용해서 해결하려는 과제는 무엇인가?
- □ AI 모델이 생성한 출력 데이터를 어떻게 활용하는가?
- □ AI를 영업 방식에 어떻게 활용하는가?
- □ AI 모델은 이미 공개된 모델을 이용하는가?

14 ▸ ビジネス関連発明の最近の動向について https://www.jpo.go.jp/system/patent/gaiyo/sesaku/biz_pat.html

특허를 출원한다

1. 발명자는 누구인가?

미국인 발명가 스티븐 테일러는 AI 시스템 다부스DABUS를 개발했다. 그는 AI를 이용해서 발명한 후에 다부스를 발명자로 기재하고 특허를 출원했다. 2020년 미국 특허상표청USPTO은 특허법에 따라 AI를 발명자로 인정하지 않았다. 미국특허법은 발명자를 개인individual으로 한정하기 때문이다. 여기서 말하는 개인이란 법률적으로 인간을 의미한다. 특허 출원서류에 포함된 '선서 및 선언'은 인간만 할 수 있다.[15] 2021년 미국

15 ▸ 602 Oaths and Declarations [R-11.2013] https://www.uspto.gov/web/offices/pac/mpep/s602.html

연방 법원과 2022년 연방 순회 항소 법원CAFC은 미국특허청의 판단을 확정했다. 미국특허법에 따라 발명의 주체는 인간이라고 명확히 규정했다.

유럽특허청EPO역시 2020년 AI를 발명자로 기재한 다부스 특허 출원을 거절했다. AI를 발명자로 인정하지 않는다는 의미다. 유럽특허협약EPC에서는 발명자를 법적 권리와 의무를 가질 수 있는 자연인natural person에 한정한다. AI는 법적 권리와 의무의 주체가 될 수 없기 때문에 발명자가 될 수 없다. 2021년 유럽특허청 항소심 이사회는 AI를 발명자로 기재한 출원에 대해 유럽특허청의 판단을 인정했다. AI가 생성한 결과물에 대한 권리는 그 AI를 개발하고 운영한 인간에게 귀속되어야 한다는 점을 확인했다.

남아프리카 공화국 특허청은 2021년 AI를 발명자로 기재한 특허를 등록했다. 하지만 이는 미국이나 유럽과는 사정이 다르다. 남아프리카 공화국은 절차상의 요건만 검토하는 형식적인 등록제를 시행한다. 특허 등록은 행정 절차만 따르며 실질적으로 법리를 검토하는 심사주의는 아니다.

호주에서는 2021년 호주 연방 법원 1심에서 AI를 발명자로 인정한다는 판결이 나왔다. 호주의 특허법에는 발명자를 인간으로 한정하는 명시적인 조항이 없다. 이후 정부가 항소하자 연방 대법원 항소심에서 발명자는 인간이어야 하며 AI를 발명자로 인정하지 않는다고 최종 결론을 내렸다.

다부스 사건은 AI가 발명자 지위를 인정받기에는 현재의 특허법에서는 어렵다는 사실을 보여 주었다. 지금은 대부분의 국가에서 발명자는 반드시 인간이어야 한다. 하지만 미래에는 AI 발명자를 인정하는 특허법 개정도 예상할 수 있다. 세계지식재산기구WIPO에서도 AI 발명자에 관한 논의가 진행 중이다. 인간이 아닌 존재가 창의적인 결과를 생성하는 경우에 인간이 아닌 존재의 법적 지위를 어떻게 정의할지는 아직 답이 없다. 현실적으로 인간은 AI를 발명 보조 도구로 활용한다. 인간이 AI를 도구로 활용해서 얻은 발명이라면 특허에 AI의 기여를 명확하게 밝히자는 논의가 활발하다. 발명자는 인간이지만 명세서에는 AI가 발명에 기여한 내용을 설명할 수 있다.

- ☐ AI 시대에 인간만 발명자로 인정하는 특허법을 유지해야 하는가?
- ☐ AI가 발명했는데 인간을 발명자라며 특허 출원하는 행위는 정당한가?
- ☐ AI와 인간이 협력해서 만든 발명에서 AI의 기여를 어떻게 계산하나?
- ☐ 인간이 아이디어를 내고 AI가 구현하면 발명의 주체는 누구인가?
- ☐ AI가 아이디어를 내고 인간이 구현하면 발명의 주체는 누구인가?

2. 방식을 선택한다

특허를 출원한다는 말은 발명을 법적으로 보호해 달라고 지식재산처에 공식적으로 신청한다는 의미다. 특허를 출원할 수 있는 주체는 법인이나 개인이지만 발명자는 인간만 가능하다. 특허 출원 방식에는 정식 출원, 가출원, 우선권 주장 출원, 국제 특허 출원, 분할출원, 변경출원, 분리출원이 있다. 심사 방식에는 일반 심사와 우선 심사가 있다.

1) 출원 방식을 선택한다

정식 출원

발명이 완성되고 청구범위가 명확하게 정해지면 발명을 설명하는 상세한 명세서와 청구범위를 작성해서 출원한다. 복잡한 명세서는 초안을 작성하고 내용을 꼼꼼하게 살펴야 하므로 시간이 필요하다. 비용도 많이 든다. 정식 출원 후에 심사 청구하면 특허 등록이 가능하다.

가출원

임시 명세서를 출원한다. 발명을 설명하는 상세한 명세서가 없어도 출원할 수 있다. 정식 출원에 필요한 서식이 아니므로 발명의 핵심 아이디어를 파워포인트, PDF, 워드를 사용해서 자유 형식으로 제출할 수 있다. 선출원주의에서 신속하게 특허 출원하기 위해 도입된 제도다. 출원 당일에 출원번호가 부여되므로 빠르고 간단하며 초기 비용이 저렴하다.

출원일을 정한 후에 1년 2개월 이내에 정식 명세서로 보정해야 한다. 기한 내에 보정하지 않으면 취하되어 특허 등록이 불가능하다. 보정이라는 용어는 특허나 소송처럼 행정 절차에서 사용되는 법률용어이며 서류나 절차상의 미비한 점을 바로잡아 완전하게 만드는 행위를 말한다. 교정이나 수정과 같은 의미다.

가출원은 발명이 공개되기 전에 우선권을 보호하며 정식 출원까지 시간을 활용할 수 있으므로 아이디어를 구체적으로 구현하기 전에 활용한다. AI 특허처럼 기술 진화 속도가 빠른 분야에서 우선권을 확보하기에 유리한 제도이다. 한국에서는 2023년부터 본격 시행되었다. 해외에 출원하는 경우에도 한국에서 진행한 가출원일을 우선일로 인정한다.

우선권 주장 출원

새로운 특허를 출원할 때 국내나 해외에서 출원한 발명의 우선일을 기준으로 주장한다. 가출원 후에 정식 출원할 때 우선일을 주장한다. 주장할 수 있는 기한은 12개월이다. 한국에서 가출원한 후에 해외 출원하면 국내 가출원 우선일을 활용해서 우선권을 주장한다.

국제 특허 출원

특허협력조약PCT에 의해 한 국가에서 출원하면 여러 국가에서 우선권을 확보할 수 있다. 한국에서 정식 출원하거나 가출원하고 12개월 이내에 PCT 출원할 수 있다. 여러 국가에 동시에 출원하는 절차를 간소하게 진행할 수 있다. 출원 수수료에 더해 출원하는 국가별로 추가 비용을 납부해야 한다. 심사 기간이 늘어나고 이에 따라 특허의 시의성이 낮아질 수 있다.

세계 시장의 규모가 크고 경쟁이 치열한 특허는 PCT 출원을 고려할 필요가 있다. 스마트폰이나 반도체만이 아니라 바이오, 제약, 신약 후보 물질, 유전자 편집 기술도 PCT 출원을 고려해야 한다. 제조국과 유통국이 다양한 자동차, 센서, 로봇 역시 PCT로 법적 보호망을 구축한다. 기술이 제품이 되어 시장에 진입하는 데까지 시간이 오래 걸리는 화학이나 신소재도 PCT 출원을 고려한다. 시장의 움직임이 빠르고 유행이 자주 변하는 기술은 국내에서 먼저 가출원을 한 후에 출원 국가를 고려한다.

분할출원

정식 출원한 후에 일부 내용을 다른 특허로 분할해서 출원한다. 우선일은 최초 출원한 우선일을 유지할 수 있다. 여러 기능 요소가 섞여 있는 발명에서 특정 부분만 강조할 수 있다. 새로운 사항이 추가되지 않는 범위 내에서 청구범위를 변경할 수 있다. 비용을 추가로 납부해야 하지만 중요한 특허전략의 하나이다.

예를 들어, 스마트워치를 이용한 헬스케어 시스템을 발명했다고 하자. 발명을 하나의 특허로 출원한다면 여기에는 심박수를 측정하는 센서 기술, 혈압을 추정하는 알고리즘, AI가 운동 패턴을 분석하는 방법 등 다양한 구성 요소가 모두 포함된다. 만약 내용을 분할한다면 혈압을 추정하는 알고리즘과 AI가 운동 패턴을 분석하는 방법을 각각 독립적인 특허로 출원할 수 있다. 분할출원은 최초 출원일의 우선권을 주장할 수 있다. 분할된 각 특허의 보호 범위는 원래 출원일로부터 20년으로 적용된다. 분할출원하면서 새로운 청구범위를 추가하면 알고리즘의 정확도를 올리는 방법을 상세하게 강조할 수 있다. 분할출원은 여러 구성 요소를 결합한 발명에서 특허 무효가 될 수 있는 요소를 제거한 후에 핵심적인 구성 요소를 강화할 수 있다. 스마트폰 제조기업은 스마트 기기 특허의 분할출원을 자주 활용한다.

변경출원

특허 출원을 실용신안으로 변경하거나 거꾸로 실용신안 출원을 특허로 변경할 수 있다. 실용신안은 물건에 대해서만 가능하다. 만약 형식을 잘못 선택했다면 변경출원을 통해 잘못을 수정할 수 있다. 물건 발명에 진보성이 없는 경우에는 특허를 실용신안으로 변경한다. 변경출원은 최초에 제출한 명세서나 도면에 기재되어 있는 범위에서 가능하다. 특허에서 실용신안으로 변경출원한 후에는 반드시 심사 청구를 해야 한다. 심사 청구를 하지 않으면 그 출원은 취하된 것으로 간주된다.

분리출원

특허 거절 결정에 대한 불복심판에서 기각심결을 받은 경우에도 등록이 가능한 청구항이 있다면 이런 청구항만 따로 분리해서 출원할 수 있다. 일부 청구항에 거절이유가 있다고 해서 전체 출원을 거절하는 문제를 개선하는 제도이다.

□ 몇 개 국가에 출원할지 정했나?

□ 언제 출원할지 정했나?

□ 특허를 여러 개로 분할할 수 있나?

□ 변화가 빠르거나 유행에 민감한 기술인가?

□ 기술을 제품으로 만드는 데 시간이 오래 걸리는 기술인가?

2) 심사 방식을 선택한다

일반 심사

먼저 출원된 순서대로 심사를 진행한다. 심사 청구하면 일반 심사는 2년 정도 걸린다.

우선 심사

몇 개월 이내에 결과를 받아야 한다면 우선 심사 제도를 이용한다. 정식 출원한 후에 추가 수수료를 납부하고 우선 심사를 신청하면 심사 기간을 단축할 수 있다. 빠르면 3개월 이내에 결과를 받을 수 있다. 우선 심사는 일반 심사에 비해 시간을 크게 단축할 수 있으므로 특허 침해 소송의 위험을 사전에 차단할 수 있다. 경쟁이 심한 분야에서 특허권을 빠르게 확보해야 하는 경우에 활용한다. 우선 심사를 신청할 수 있는 조건은 법령으로 정해져 있다. 본 발명을 활용해서 사업화를 준비하거나 진행하는 경우, 특허 침해 중이거나 침해 가능성이 큰 경우, 녹색기술이나 중소기업 및 대학과 연구 기관의 발명은 우선 심사를 신청할 수 있다.

□ 심사 방식을 정했나?
□ 특허 출원일을 최대한 빠르게 확정해야 하나?
□ 발명을 특허 한 건으로 출원하는가?
□ 분할출원이 가능한가?
□ 심사 기간을 단축할 필요가 있나?

3. 실시 가능 요건에 주의한다

특허를 출원할 때 가장 주의해야 할 점은 실시 가능 요건이다. 해당 분야에서 통상의 기술자가 발명의 내용을 이해하고 쉽게 구현할 수 있으면 실시 가능 요건을 만족했다고 본다. 통상의 기술자가 기술 상식에 근거해서 재현할 수 있을 정도로 발명 내용을 상세하고 구체적으로 설명해야 한다.

구체적으로 설명하지 않으면 어떤 발명인지 명확하게 이해할 수 없다. 재현할 수 있는 범위는 청구범위에 포함된 모든 청구항이다. 통상의 기술자가 쉽게 이해할 수 있는 내용이라면 구체적인 내용을 설명하지 않아도 된다.

발명을 구현하는 각 단계에서 하드웨어나 소프트웨어가 필요하다면 이를 어떻게 구현하는지 설명해야 한다. 하드웨어나 소프트웨어로 구현하는 방법은 흐름도나 블록도로 표현한다. AI 모델의 입력 데이터와 출력 데이터 사이에 존재하는 상관관계를 구체적으로 설명해야 한다.

기계학습 기반의 AI 특허에서 수집된 원시 데이터를 학습용 데이터로 변경하는 데이터 전처리가 특징인 발명이라면 다음의 두 가지 요소를 상세하게 설명해야 한다. 첫째, 수집된 원시 데이터를 학습용 데이터로 생성, 변경, 추가, 삭제하기 위해 데이터 전처리 단계나 기능을 어떻게 실행하는지 설명한다. 둘째, 수집된 원시 데이터와 학습용 데이터의 상관관계를 구체적으로 설명한다. 통상의 기계학습을 활용해서 과제를 해결할 수 있고 효과를 확인할 수 있다면 AI 모델이나 학습 방법을 구체적으로 설명하지 않아도 된다. 강화학습 기반의 AI 특허는 에이전트, 환경, 상태, 행동, 보상의 상관관계를 포함한 강화학습 방법을 구체적으로 설명해야 한다.

□ 발명의 특징을 쉽게 이해할 수 있나?

□ 발명은 쉽게 구현할 수 있나?

□ 입력 데이터와 출력 데이터 사이에는 어떤 관계가 있나?

□ 발명을 구현하는 단계에 하드웨어가 필요하나?

□ 발명의 효과를 쉽게 확인할 수 있나?

4. 명세서는 최대한 상세하게 작성한다

특허 출원할 때는 반드시 발명의 설명과 함께 청구범위를 적은 명세서와 도면을 첨부해야 한다.[16] 발명이 속하는 기술 분야에서 통상적인 기술자가 쉽게 실시할 수 있도록 명세서를 작성한다. 명세서에는 가장 비슷한 선행기술을 선택한다. 선행기술의 한계를 지적하고 본 발명에서는 과제를 어떻게 해결하는지 설명한다. 선행기술과 비교해서 본 발명의 핵심적인 구성이 무엇이며 효과에 어떤 차이가 있는지 명확하고 상세하게 적어야 한다.

16 ▸ 특허법 제42조(특허 출원) https://casenote.kr/%EB%B2%95%EB%A0%B9/%ED%8A%B9%ED%97%88%EB%B2%95/%EC%A0%9C42%EC%A1%B0

명세서에 기재된 내용은 특허 출원일 기준으로 처음 발명된 기술이다. 발명의 배경이 되는 기술은 중요하다고 생각하는 기술만이 아니라 비교적 덜 중요하다고 생각하는 기술도 모두 설명한다. 기술은 상위 개념의 해결원리를 제시하는 게 좋다. 본 발명을 이용하는 용도 기술, 주변 기술, 대체 기술, 개선 기술이 있으면 모두 적는다. 이미 알려진 기술이라도 관련이 있으면 모두 적는다.

명세서에 적은 구체적인 실시예를 통해 본 발명을 어떻게 사용할 수 있는지 설명한다. 다양한 실시예를 최대한 많이 적으면 다른 곳에서 본 발명과 같은 내용으로 특허 출원하지 못하도록 방어할 수 있다. 명세서의 내용이 많을수록 권리 범위가 넓어질 수 있다. 공개하면 안 되는 노하우는 명세서에 적지 않는다.

발명의 명칭

특허의 권리 범위를 규정하는 기준이다. 발명의 명칭을 너무 구체적으로 적으면 권리 범위가 좁아진다. 그렇다고 명칭을 너무 길게 하거나 장황하게 적어도 좋지 않다. 발명의 명칭은 추상적이거나 상위 개념으로 표현하는 편이 유리하다. 예를 들어, 이륜차나 사륜차라는 명칭보다 이동체라는 명칭을 사용한다. 일반화된 명칭을 사용하면 권리 범위를 넓힐 수 있다. 'X에 관한 방법 및 시스템' 같은 명칭이면 방법과 물건을 모두 포함하기 좋다.

발명의 배경이 되는 기술

관련되는 기술 분야와 발명 내용이 무엇인지 간단하게 설명한다. 선행기술과 본 발명을 대비한다. 선행기술의 한계와 문제점을 해결하기 위해 본 발명은 과제를 어떻게 해결하는지 발명을 요약하는 수준으로 설명한다.

발명에는 원천 발명과 개량 발명이 있다. 원천 발명이면 선행기술이 없다. 그런데, 없다는 사실을 어떻게 증명할까? 이런 증명을 악마의 증명이라고 한다. 없다고 하지만 사실은 단순히 검색하지 못한 결과일 수도 있다. 선행기술이 없다고 주장하면 진보성을 의심한다. 상위 개념의 기술을 기준으로 해서 하위 개념의 원천 발명이라고 주장할 수 있다.

개량 발명이면 선행기술에 대한 문헌을 기재한다. 문헌은 기술과 특허만이 아니라 비특허 문헌도 포함한다. 발명의 배경이 되는 기술은 대부분 문헌이나 인터넷에 공지되어 있다. 관련 분야의 발명이나 발명자가 알고 있는 기술도 적는다.

발명의 내용

해결하고자 하는 과제, 과제의 해결 수단, 발명의 효과, 도면의 간단한 설명, 발명을 실시하기 위한 구체적인 내용, 부호의 설명을 포함한다.

해결하고자 하는 과제

발명의 목적과 의도를 적는다. 해결하려는 과제는 선행기술이 해결하지 못한 과제다. 선행기술의 한계를 해결하기 위해 본 발명에서 제시하는 장치, 수단, 방법, 공정, 재료를 적는다.

과제의 해결 수단

본 발명의 기술과 방법을 말한다. 특허 청구범위에 기재할 내용을 적는다. 기존 특허가 A+B인 경우에 본 발명은 특허 대상이 될지 다음과 같이 판단할 수 있다.

■ 본 발명이 A+C라면 원천특허가 된다.

기존 특허 A+B에 C가 포함되지 않았으므로 전체 조합은 선행기술에 공개되지 않았다. 통상의 기술자가 A와 C를 쉽게 결합할 수 없다면 C 추가는 새로운 구성이라고 인정한다. C가 A와 결합해서 더 나은 효과를 내거나 새로운 용도를 창출하면 원천특허라고 인정한다. 본 발명은 B를 포함하지 않기 때문에 기존 특허의 A+B의 청구범위를 침해하지 않는다.

■ 본 발명이 A+B+C라면 판단이 애매하다.

① 선행기술을 구성하는 요소 A+B에 C를 추가하는 방법을 생각하기가 얼마나 어려운지가 관건이다. 통상의 기술자라면 C를 추가하는 방법을 떠올리기 어렵다면 진보성이 있다고 판단한다.

② A+B에 C를 추가하는 정도는 기존 특허를 단순히 개선한 수준이라 통상의 기술자가 쉽게 생각할 수 있다면 진보성은 없다고 판단한다. 발명이 완전히 새롭다고 하기 어렵다. C를 새롭게 추가하면 전체로는 A+B의 하위 집합으로 보인다. A+B+C는 A+B를 그대로 포함해서 확장했으며 발명을 구현할 때 기존 특허를 침해하게 된다.

■ 본 발명이 A+B'라면 판단이 애매하다.

기존 특허를 피할 수 있을 수도 있고 없을 수도 있다. 통상의 기술자라면 B를 B'로 변경하는 방법을 쉽게 생각할 수 있는지에 달려 있다. 판단의 근거는 침해 균등론인데 2014년에 선고된 대법원 판례를 참고할 수 있다.[17] 판례에서는 다음과

17 ▸ 대법원 2014. 7. 24. 선고 2012후1132 판결 [권리범위확인(특)] [공2014하,1753] https://casenote.kr/%EB%8C%80%EB%B2%95%EC%9B%90/2012%ED%9B%841132

같이 판단한다. B와 B'는 해결원리가 동일하고 작용 효과가 동일하며 통상의 기술자가 B에서 B'로 변경하는 방법을 쉽게 생각할 수 있다면 기존 특허를 피할 수 없다.

기존 특허	A+B	
본 발명	A+C	새로운 방법으로 원천특허가 된다
	A+B+C	기존 특허를 피할 수 있을지 판단이 애매하다
	A+B'	기존 특허를 피할 수 있을지 판단이 애매하다

발명의 효과

본 발명과 선행기술의 구성 요소를 비교해서 더 나은 효과를 적는다. 발명의 효과는 기술 효과를 말한다. 특허를 출원하는 시점에는 발명이 미래에 거둘 수 있는 효과를 예상하기 어렵다. 출원 시점에는 기술 사상에 머문 상태이기 때문에 미래에 구체적으로 어떤 효과를 만들지 모른다. 그러므로 미래 효과를 상상하고 추상적으로 적어도 된다. 예상되는 경제 효과는 특허 심사의 판단 대상이 아니므로 적지 않는다.

도면의 간단한 설명

흐름도와 블록도를 설명한다. 도면에 나타난 구체적인 구현 방법과 시스템은 발명을 구현하는 방법이므로 모두 구체적으로 적는다.

발명을 실시하기 위한 구체적인 내용

데이터 수집, 데이터 가공에 의한 학습 데이터 구조를 도출하는 단계, 학습 전 파라미터 알고리즘을 도출하는 단계, 학습 프로그램에 의해 학습하는 단계, 최적의 학습 완료 모델을 도출하는 단계, 하드웨어로 구현하는 단계로 구분해서 적는다. 인공 신경망의 입력층, 출력층, 은닉층의 개수나 구조는 범용 기술이므로 구체적으로 설명하지 않아도 된다. 인공 신경망에 입력하거나 출력하는 데이터는 학습 데이터의 형태, 종류, 분류를 설명한다. 학습에 의한 출력 데이터의 종류와 형식을 설명한다. 특정한 학습 데이터를 이용해서 과제를 해결하려면 학습 데이터의 형태, 종루, 구조를 구체적으로 설명한다. AI 기술은 시중의 소프트웨어 패키지를 사용했다는 정도로 간략하게 설명할 수 있다.

본 발명을 구현하기 위해 필요한 입력 데이터와 학습된 모델의 출력 데이터 사이의 상관관계가 존재한다면 구체적으로 설명한다. 학습 데이터의 특성들 사이에 과제를 해결하기 위한 상관관계가 존재한다면 역시 그체적으로 설명한다. 학습모델과 학습 방법을 구체적으로 설명한다.

특정한 학습 방법으로 데이터를 학습하면 학습모델이 생

성된다. 학습 방법과 학습모델은 구체적으로 설명하지 않아도 된다. 통상의 기계학습을 사용해서 과제를 해결할 수 있으며 효과도 확인할 수 있다면 통상의 기계학습 방법만 설명해도 된다. 통상의 기계학습 방법이란 예를 들어, 문자나 음성의 패턴 인식에서는 합성곱 신경망을 활용한다는 식이다. 자동번역이나 자연어 처리에서는 순환 신경망을 활용한다는 식으로 설명하면 된다.

발명의 실시예를 보면 해당 기술 분야의 통상의 기술자가 쉽게 구현할 수 있어야 한다. 실시예는 첨부한 흐름도와 블록도를 참고해서 설명한다. 실시예를 표나 그래프로 정리해서 비교해도 알기 쉽다. 실시예는 최대한 구체적으로 설명한다. 각각의 실시예마다 소제목을 붙인 후에 구성, 제조 방법, 사용 방법, 결과를 구체적으로 적는다. 본 발명을 구성하는 요소에 A가 있다고 하자. 실시예는 구성 요소에 변화를 주면서 다양하게 만들 수 있다.

A를 사용한 실시예

A를 B로 대체한 실시예

A와 B를 혼합한 실시예

발명을 구현하는 방법을 구분해서 스마트폰 앱에서 구동하는 실시예와 클라우드 서버에서 구동하는 실시예를 모두 설명하는 식으로 변화를 준다. 실시예가 한두 개밖에 없으면 발명의 범위가 너무 좁으며 실제로 구현할 수 있을지 의심스럽다. 그렇다고 너무 많으면 어떤 실시예가 대표적인지 알기 어렵다. 발명이 얼마나 복잡한지에 따라서도 실시예의 개수는 변할 수 있지만 아무리 적어도 서 개는 제시하는 게 좋다. 발명을 변형하면 적용할 수 있는 실시예 중에서 가장 큰 효과를 기대하는 실시예를 강조한다.

실시예의 모든 구성 요소와 작동 방식은 청구범위와 일치해야 한다. 예를 들어, 실시예의 설명 중에 데이터 수집 모듈이 포함된다고 하자. 실시예에서는 데이터의 종류, 모델 구조, 학습 방법, 모델의 입력과 출력을 구체적으로 설명한다. 이에 맞추어 청구범위에도 데이터 수집 모듈이 포함되어야 한다.

부호의 설명

도면에서 사용한 부호가 있으면 어떤 의미인지 설명한다.

☐ 해결하고자 하는 과제는 어떤 의미가 있나?
☐ 과제의 해결 수단은 기존 특허를 피할 수 있나?
☐ 흐름도와 블록도를 포함한 도면은 충분한가?
☐ 실시예는 모두 몇 개인가?
☐ 가장 대표적인 실시예는 무엇인가?

5. 청구범위는 상위 개념을 간결하게 작성한다

청구범위claims는 보호받으려고 하는 발명의 범위를 정의하는 부분이다. 청구범위를 구성하는 개별 항목을 청구항이라고 한다. 청구항은 권리를 주장하는 내용이므로 하나 이상 있어야 한다. 청구항이 하나도 없다면 주장하는 권리가 하나도 없다는 의미다. 아무 권리도 주장하지 않으면 특허를 출원하는 의미가 없다. 각 청구항은 발명의 핵심 구성을 간결하고 명확하게 표현해서 보호 범위를 효과적으로 정의한다. 청구항에 기재된 발명은 각 구성을 개별적으로 보호하지 않는다. 각 구성이 유기적으로 결합한 전체를 하나의 발명으로 보호한다.

청구범위는 출원할 때 명세서에 적은 내용 중에서만 작성할 수 있다. 명세서에 없는 내용은 청구범위에 기재할 수 없다. 청구범위에서 사용하는 용어 역시 반드시 명세서에 기재된 용어이어야 한다. 용어 해석에 오해가 없도록 명확하게 표현한다. 청구범위는 등록될 때까지 몇 번이라도 보정할 수 있으며 바꿀 수 있다.

AI 발명은 방법 발명 혹은 물건 발명으로 청구항에 기재할 수 있다. 방법 발명이라면 시계열로 연결된 처리나 조작을 단계별로 구분하고 각 단계를 처리하는 방법을 청구항에 기재할 수 있다. 청구항에는 컴퓨터 프로그램 기록매체 혹은 기록매체에 기록된 컴퓨터 프로그램이라고 적을 수 있다. 물건 발명이라면 발명을 구현하는 여러 개의 기능에 대해 모든 기능의 합으로 구성된 물건을 청구항에 기재할 수 있다. 물건 발명에는 컴퓨터 프로그램 기록매체, 하드웨어와 결합한 기록매체에 저장된 컴퓨터 프로그램, 데이터 구조 기록매체가 포함된다.

청구범위에는 보호받으려는 사항을 명확히 알 수 있도록 구조, 방법, 기능, 물질 또는 이들의 결합 관계를 적어야 한다. 만약 청구항 1이 독립항이면 청구항 2는 종속항으로 한정하거나 부가해서 구체적으로 정의한다. 청구항에는 반드시 필요한 구성 요소를 포함한다. 선택적으로 부가하거나 한정할 수 있는 사항은 종속 청구항으로 기재한다. 독립 청구항에 부가하거나 한정하는 식으로 구성 요소를 많이 기재할수록 권리 범위가 좁아진다.

청구범위를 너무 명확하고 구체적으로 표현하면 청구범위가 좁아지므로 간결하게 기재해야 한다. 이를 거꾸로 생각할 수 있다. 청구범위를 매우 좁게 기재할수록 선행기술이 없을 가능성이 크다. 특허 등록을 거절할 이유가 적어진다는 의미다. 청구범위가 좁은 특허는 강한 특허가 되기 어렵기 때문에 청구범위를 굳이 한정하지 않는다. 구성 요소를 수식하거나 한정하면 청구범위가 좁아진다는 말은 구성 요소의 숫자가 증가하면 권리 범위는 좁아진다는 의미다. 청구범위를 넓히려면 구성 요소의 숫자를 줄이고 상위 개념을 주장해야 한다.

* A가 a의 상위 개념이라면 a가 아니라 상위 개념인 A로 주장한다.
* 청구범위 A+B+C는 청구범위 A+B+C+D보다 권리 범위가 넓다.
* 청구범위가 a+B+C, A+b+C, A+B+c처럼 일부 청구항에 하위 개념이 섞여 있는 경우에는 모든 청구범위를 상위 개념인 A+B+C로 하면 청구범위가 넓어진다.
* 청구범위를 a+b+c로 해서 모든 청구항을 하위 개념으로 하면 청구범위는 매우 좁아진다.

예를 들어, 스마트폰의 화면을 보호하는 필름 기술을 출원한다고 하자. 청구범위를 강화유리 소재(a)의 터치스크린(A)과 결합한 방수 코팅(B) 및 강화유리 보호층(C)으로 설정하면 권리 범위가 좁다. 상위 개념으로 확대해서 터치스크린(A)과 결합한 방수 코팅(B) 및 투명 보호층(C)으로 주장한다. 투명 보호층은 강화유리를 포함한 모든 소재를 의미한다.

강화유리(a)+방수 코팅(B)+실리콘 보호층(c)처럼 일부 구성 요소에 하위 개념을 포함한 청구항을 만든 후에 전체를 A+B+C로 통합하면 권리 범위가 더욱 넓어진다. 만약 모든 항목을 하위 개념인 강화유리(a)+방수 코팅(b)+실리콘 보호층(c)으로 하면 권리 범위가 매우 좁아진다. 경쟁자가 대체 소재를 사용하면 특허는 의미가 없어진다.

특허를 침해하는 사례를 보면 청구항에 기재된 구성에서 일부 구성을 생략하거나 일부 구성을 변경하는 경우가 많다. 특허 권리를 침해했는지 평가하는 기준은 모든 청구범위의 침해에 있다. 모든 구성 요소 원칙이라고 한다. 특허 청구항에 기재된 모든 구성 요소가 물건이나 방법에 포함되어야 침해가 성립한다. 청구항에 적힌 구성에서 하나라도 빠지면 직접 침해가 인정되지 않는다.

예를 들어, 청구범위 A+B+C인 경우에

* A+B는 특허 침해가 아니다.
* A+B+C와 A+B+C+D는 A+B+C를 모두 침해했기 때문에 특허 침해라고 판단한다.

예를 들어, 스마트폰의 방수 케이스에 관한 청구범위가 방수 실리콘 외피(A) + 내부 충격 흡수 기기(B) + 방진 필터(C)로 구성되었다고 하자. 만약 어떤 제품이 A+B만 포함하고 방진 필터(C)는 생략했다면 특허를 침해했다고 인정하지 않는다. 모든 구성 요소를 포함하지 않기 때문이다. 만약 A+B+C를 포함하며 LED 조명(D)까지 더했다면 청구범위의 모든 요소를 포함하기 때문에 특허 침해라고 판단한다.

□ 청구항은 모두 몇 개인가?
□ 청구범위는 명세서에 설명한 내용과 같은가?
□ 독립항과 종속항이 구분되어 있나?
□ 구성 요소는 상위 개념인가?
□ 청구범위는 특허 침해에 대비하고 있나?

6. 청구범위는 계층 구조로 작성한다

청구항을 구체적으로 적으면 추상적인 아이디어라고 판단하지 않으므로 특허를 무효로 하기 어렵다. 청구항에 발명의 구성 요소, 세부 구현, 기술적 세부 사항이 상세하게 설명되어 있고 알고리즘, 하드웨어, 데이터 처리 방식까지 포함하고 있으면 특허 등록될 가능성이 높다. 구체적으로 한정하면 신규성과 진보성을 입증하기 쉽다. 의료나 자율주행처럼 특정 과제에 초점을 맞춘 청구항은 해당 과제에서 강력하게 작용한다. 하지만 청구범위를 너무 구체적으로 한정하면 보호 범위가 좁아진다. 경쟁자가 약간만 변경해서 다른 방식을 사용해도 특허를 회피할 수 있다. 시장 변화에 대응하기도 어렵다. 구체적으로 설명한 기술은 금방 구식이 되고 가치가 낮아진다. 기술을 너무 구체적으로 공개하면 경쟁자가 특허를 우회하는 기술을 사용하기 쉽다.

청구범위가 넓고 포괄적이면 경쟁자의 유사 기술에 대해 침해 소송이 가능하다. 발명의 핵심 개념을 넓게 정의해서 다양한 구현 방식을 포괄적으로 설명하면 AI 기술이 진화해서 새로운 신경망이 발명되어도 청구항을 적용할 수 있다. 포괄적 청구항은 시장 지배력을 강화하는 데 도움이 된다. 그렇다고 너무 넓고 포괄적으로 표현하면 진보성을 인정하기 어렵고 심사에서 기각될 위험이 있다. 아이디어가 너무 포괄적이면 추상적인 아이디어로 판단하기 때문이다. 기술적인 기여가 부족하면 진보성을 인정하기 어렵다. 선행기술과 너무 유사해도 경쟁자가 청구범위가 너무 넓다고 무효를 주장할 수 있다.

청구항을 구체적으로 적으면 진보성을 인정하기 쉽고 무효화 위험은 낮으나 보호 범위가 좁아진다. 그러면 경쟁자는 특허를 우회할 수 있다. 청구항을 포괄적으로 적으면 보호 범위는 넓어지나 심사에서 기각되거나 특허 무효 소송을 당할 위험이 크다. 이런 이유로 계층 구조를 사용해서 포괄적인 독립항과 구체적인 종속항을 조합하는 방법이 유리하다.

청구범위는 발명의 보호 범위를 정의하는 핵심이다. 청구범위를 체계적으로 구성해서 광범위하게 보호하기 위해 계층 구조로 작성한다. 계층 구조를 사용하면 특허 무효화 위험을 줄이고 권리 범위를 강화할 수 있다. 계층 구조는 특허 심사에서 독립항이 무효로 처리되더라도 종속항으로 대체할 가능성이 있기 때문이다. 출원 한 건으로 여러 층을 보호하면 비용도 절감할 수 있다.

청구범위를 계층 구조로 작성하면 넓은 보호에서 좁은 보호로 이어지게 한다. 최상위 독립항에서 광범위하게 시작하며 하위 종속항으로 내려갈수록 구체적으로 한정한다. 독립항은 발명의 핵심 요소를 포괄적으로 기재한다. 종속항은 독립항을 기반으로 세부적으로 한정한다. 종속항은 상위 항을 완전히 포함하는 계층 구조를 이룬다.

보호 범위를 확대하려면 독립항으로 기본적인 내용을 보호하며 종속항으로 실시예를 추가한다. 예를 들어, 독립항은 기본적인 AI 모델이며 이미지와 텍스트를 처리하는 AI 시스템이라는 식으로 적어 광범위하게 보호한다. 종속항에는 데이터 처리를 추가해서 침해를 방지한다. 심사에서 독립항이 거부된다면 종속항으로 수정할 수 있다.

한두 개의 독립항으로 시작하고 다섯 개에서 열 개 이내의 종속항으로 확장하는 경우가 많다. 종속항은 상위의 독립항이나 다른 종속항을 참조해서 범위를 더 좁게 만든다. 계층 구성은 다중 종속으로 여러 개의 상위 항을 참조할 수 있다. 다중 종속항을 사용하면 출원 수를 줄일 수 있다. 종속항에 세부 기술인 알고리즘, 하드웨어, 효과를 추가하면 진보성을 인정하기 쉽다. 종속항은 상위 항을 한정할 수 있지만 범위를 확대하면 안 된다. 종속항에서 새로운 요소를 추가한다면 한정으로 보여야 한다. 종속항은 독립항을 구체화한다.

비즈니스 메소드 특허 역시 청구항 작성은 계층 구조를 적용한다. 독립항은 포괄적으로 작성하고 보호 범위를 최대로 넓게 확보한다. 예를 들어, 독립항에서는 AI로 데이터를 처리해서 결과를 생성하는 방법이라는 식으로 기재한다. 종속항은 구체적인 한정을 추가한다. 포괄적인 청구항은 진보성을 입증하기 어렵기 때문에 종속항에서 구체적으로 설명한다. 독립항에서 광범위하게 보호하고 종속항에서 한정하는 계층 구조를 만든다.

* 독립항은 이미지와 텍스트 데이터를 처리하는 방법이라고 설명한다.
* 종속항에서는 입력 데이터가 멀티모달 데이터라고 한정한다.
* 다시 이어지는 종속항에서는 독립항과 위의 종속항에서 처리한 결과로 인해 더 나은 정확도를 달성하는 방법이라고 한정한다.

☐ 청구항을 계층 구조로 작성하면 장점은 무엇인가?
☐ 청구항을 계층 구조로 작성하면 생기는 단점은 무엇인가?
☐ 독립항과 종속항을 구분하는 기준은 무엇인가?
☐ 독립항은 모두 몇 개인가?
☐ 종속항은 모두 몇 개인가?

특허를 등록한다

1. 심사를 청구한다

특허는 출원한다고 해서 자동으로 심사하는 방식이 아니다. 출원일로부터 3년 이내에 출원인이나 이해관계자가 심사청구료를 납부하고 심사를 청구해야만 비로소 심사 과정이 시작된다. 심사 청구료는 기본료에 더해 청구항 숫자에 따른 가산료가 추가된다.[18] 기한 내에 심사를 청구하지 않으면 출원은 취하로 간주하고 자동으로 폐기된다. 출원과 동시에 심

18 ▸ 출원 관련 수수료 https://www.patent.go.kr/smart/jsp/ka/menu/fee/main/FeeMain01.do

사를 청구하는 사례도 있지만 일반적으로 심사 청구에는 시간이라는 변수를 고려해야 한다. 심사 청구를 너무 일찍 하면 시장 상황이나 기술 진화가 크게 변할 때 대응하기 어렵다. 그렇다고 심사 청구를 너무 늦게 하면 특허권을 보유하지 못해 경쟁자에 대한 진입장벽으로 활용하기 어렵다. 그러므로 특허권을 어떻게 사용할지 미리 전략을 세운 후에 심사 청구하는 시점을 정해야 한다.

출원인의 심사 청구와 상관없이 출원한 일부터 18개월이 지나면 출원서류는 공개특허공보로 공개된다.[19] 출원서류를 공개하는 목적은 중복 개발이나 중복 투자를 방지하고 기술 발전을 촉진하기 위해서다. 공개된 출원서류는 누구나 열람할 수 있다. 18개월 이전에 출원인이 조기 공개를 신청하면 대부분 2개월 이내에 공개된다.

특허의 심사 요건은 특허 대상 여부, 명세서와 청구범위의 기재, 신규성, 진보성을 포함한다. 특허 대상 여부는 발명이 자연법칙을 이용한 기술 사상의 창작이어야 한다는 점에 주목한다. 또한 본 발명은 산업에서 이용할 수 있어야 한다.

19 ▸ 특허법 제64조(출원공개) https://www.law.go.kr/LSW//lsLawLinkInfo.do?lsJoLnkSeq=900482636&chrClsCd=010202

명세서와 청구범위는 발명의 내용을 명확하고 완전하게 기재해서 통상의 기술자가 이해하고 재현할 수 있어야 한다. 신규성은 본 발명을 출원하기 전에 국내외에 공개되지 않았어야 한다는 기준이다. 진보성은 본 발명은 통상의 기술자가 선행기술에서 쉽게 발명할 수 없는 수준이어야 한다는 기준이다. 출원서류가 요건을 모두 충족하지 않으면 보정해야 한다. 보정하지 않으면 거절될 수 있다.

특허 심사에는 통상의 기술자라는 개념이 중요하다. 통상의 기술자는 특허법에서 정한 상상 속의 인물이다. 통상이라는 표현은 애매한 면이 있지만 천재도 아니고 초보도 아니라는 의미로 생각하면 된다. 기술 상식을 보유하고 있으며 본 발명에 관련된 기술을 입수해서 자신의 지식으로 만들 수 있는 인물이다. 연구개발을 위해 통상의 수단을 이용할 수 있으며 설계변경을 포함한 통상의 창작 능력을 발휘할 수 있다. 이미 알려진 재료 중에서 적합한 재료를 선택하거나 수치 범위를 최적화하거나 균등물로 치환하는 통상의 창작 능력을 발휘할 수 있다. 통상의 기술자는 해당 분야의 박사학위 소지자나 기술사처럼 반드시 학위나 자격증을 보유할 필요는 없다. 현실적으로는 심사관이 통상의 기술자 역할을 한다.

통상의 기술자에게 또 하나의 중요한 기준이 있다. 바로 시점이다. 일반적으로 출원과 심사는 시점이 다르다. 통상의 기술자는 출원한 시점을 기준으로 한다. 만약 출원 후 2년이 지난 시점에 심사를 시작한다면 통상의 기술자는 2년 전을 기준으로 한다. 시점을 과거로 돌려 과거의 상식으로 판단하기는 의외로 어렵다.

- ☐ 심사 청구 시점을 정했나?
- ☐ 심사 청구는 왜 이 시점에 하는가?
- ☐ 출원서류는 심사기준을 만족하는가?
- ☐ 출원한 후에 심사 시점까지 기술은 얼마나 진화했나?
- ☐ 출원한 후에 심사 시점까지 시장이 얼마나 변했나?

2. 신규성을 심사한다

신규성이란 출원 시점까지 공개되거나 알려지지 않은 기술이다.[20] 신규성을 판단하려면 본 발명과 가장 가까운 인용

20 ▸ 한국은 신규성이라는 표현을 사용한다. 일본에서는 新規性이라는 표현을 사용한다. 미국과 유럽에서는 Novelty라는 표현을 사용한다.

발명을 정한 후에 인용 발명과 본 발명이 동일한지 여부를 판단한다. 판단하기 위해 학습 데이터, 데이터 처리 방법, 학습모델 등 구체적인 수단을 고려한다. 본 발명과 인용 발명의 구성이 일치하는지 차이가 있는지 판단한다. 본 발명과 인용 발명에 차이가 있으면 동일한 발명이 아니다. 차이가 없으면 본 발명과 인용 발명은 동일한 발명이다. 본 발명과 인용 발명이 동일하면 청구범위를 수정해서 차이를 추가해야 한다.

* 출원 시점에 같거나 거의 비슷한 기술이 공개되어 있으면 신규성이 없다고 판단한다.
* 통상의 기술자가 인용 발명에서 본 발명을 생각하기 쉽다면 신규성이 없다고 판단한다.
* 본 발명과 인용 발명의 과제가 동일하며 기능과 작용이 동일하면 신규성이 없다고 판단한다.
* 본 발명이 인용 발명과 목적, 구성, 효과에 차이가 있으면 신규성이 있다고 판단한다.
* 불특정 다수가 알고 있는 기술, 이미 설비와 장치에 사용되고 있는 기술, 논문이나 잡지에 소개된 기술, 인터넷에 공개된 기술이라면 신규성이 없다고 판단한다. 여기에는 발명자 본인이 공개한 기술도 포함된다. 그러므로 발명자는 특허 출원하기 전에 발명 내용을 공개적인 자리에서 발표하거나 전시하면 안 된다. 발명자가 새로운 기술을 발명해도 특허를 출원하기 전에 외부에 공개했다면 특허의 신규성이 없다.

신규성 판단은 청구범위에 기재된 개별적인 청구항이 아니라 청구범위 전체를 본다.

* 본 발명을 구성하는 요소가 A+B라고 하자. A와 B가 각각 이미 알려진 기술이라고 해도 A+B라는 구조에 신규성이 있는지가 중요하다.
* 본 발명을 구성하는 요소는 A+B이고 선행기술을 구성하는 요소는 A+B+C라고 하자. 선행기술의 일부 요소를 제거한 수준이라면 신규성은 없다.
* 본 발명을 구성하는 요소는 A+B+C이고 선행기술을 구성하는 요소는 A+B+c라고 하자. C는 c의 상위 개념이다. 선행기술의 일부 요소를 상위 개념으로 대체한 수준이라면 신규성은 없다.

□ 본 발명에서 수집하거나 입력하는 데이터는 인용 발명과 동일한가?

□ 본 발명의 학습용 데이터 구조는 인용 발명과 동일한가?

□ 본 발명의 인공 신경망 구조는 인용 발명과 동일한가?

□ 본 발명의 학습 방법은 인용 발명과 동일한가?

□ 본 발명의 학습 전 파라미터는 인용 발명과 동일한가?

3. 진보성을 심사한다

진보성은 발명이 속하는 기술 분야에서 통상의 기술자가 쉽게 생각할 수 있는지 여부를 판단하는 기준이다.[21] 쉽게 생각할 수 있으면 진보성이 없다고 판단한다. 진보성을 판단하는 대상은 청구항에 기재된 발명이다. 청구항을 개별적으로 판단하기보다 청구범위 전체를 대상으로 진보성을 판단한다. 청구항이 두 개 이상이면 청구항마다 진보성을 판단한다.

진보성 판단은 가장 가까운 인용 발명과 하나 이상의 다른 인용 발명을 결합해서 비교한다. 하나의 기술만으로 과제를 해결하기 어려우면 이미 알려진 여러 개의 기술을 조합해서 목적을 달성하는 경우가 많다. 단순히 여러 개의 기술을 조합하는 수준이라면 통상의 기술자가 생각할 수 있는 수준이므로 진보성은 없다고 판단한다.

예를 들어, 선행기술 1을 구성하는 요소는 A+B+C이고 선행기술 2를 구성하는 요소는 A+B+D라고 하자. 본 발명을 구

21 ▸ 한국에서는 진보성이라는 표현을 사용한다. 일본에서는 進步性이라는 한자를 사용한다. 미국은 Non-obviousness, 유럽은 Inventive step이라는 표현을 사용한다.

성하는 요소는 A+B+C+D이다. 통상의 기술자라면 C와 D를 결합하는 방법을 쉽게 생각할 수 있을까? 단순히 기술을 결합하는 수준이라면 진보성이 없다고 판단한다. 쉽게 생각할 수 없는 수준이라면 진보성은 있다고 판단한다.

다른 기술을 추가하거나 대체하는 경우에 진보성을 판단하는 기준은 역시 통상의 기술자다. 예를 들어, 이미 특정한 AI 기술을 사용하고 있는데 다른 AI 기술로 바꾼다는 발명이라면 단순히 교체하는 수준이라서 진보성은 없다고 판단하기 쉽다.

구성 요소	본 발명	선행기술 1	선행기술 2
요소 1	A	A	A
요소 2	B	B	B
요소 3	C	C	
요소 4	D		D

진보성을 판단하는 기준은 통상의 기술자가 생각하기 쉬운가 어려운가에 달려있다고 하지만 이런 기준은 추상적이고 주관적인 특징이 강하다. 현실적으로 진보성은 특허청 심사관이나 심판관의 주관으로 판단하기 쉽다. 주관적인 판단과 편견을 막기 위해 진보성을 판단하는 과정은 표준 절차를 따른다.

* 본 발명의 청구범위를 명확하게 인식한다.
* 진보성을 판단하기 위해 본 발명과 가장 가까운 인용 발명을 통상의 기술자 관점에서 지정한다.
* 본 발명과 인용 발명의 목적, 구성, 효과를 비교해서 일치점과 차이점을 명확하게 구분한다.
* 통상의 기술자라면 인용 발명에서 본 발명으로 쉽게 이어질 수 있는지 판단한다.
* 인용 발명과 비교해서 본 발명에서 더 나은 효과가 예상되면 진보성이 있다고 판단한다.

본 발명에서 구체적으로 제시하지 않은 기술은 이미 공개된 기술이라고 판단한다. 공개된 기술을 활용한다면 진보성 판단에 주의해야 한다. 기술 분야에서는 상식적으로 통하는 전제가 있다. 예를 들어, AI를 사용하면 대량의 데이터를 처리할 수 있어서 오류를 줄이고 정확하게 예측할 수 있다거나 업무 처리 시간을 단축할 수 있다는 식이다. 실제로 이와 관련한 다양한 사례가 공개되고 효과는 많이 알려져 있다. 그러므로 공개된 AI 기술을 이용해서 이미 알려진 효과를 얻는 수준이라면 진보성이 없다고 판단하기 쉽다. 인간이 수행하는 업무를 시스템화해서 컴퓨터로 구현하는 수준에 머문다면 역시 진보성이 없다고 판단하기 쉽다. 통상의 기술자가 쉽게 생각할 수 있는 수준이기 때문이다. AI를 어떻게 활용하는지 구체적으로 설명해야 진보성이 있다.

이런 경우에 진보성이 있다고 인정받으려면 데이터 처리 방법이나 결과 데이터에 진화한 기술이 필요하다. 예를 들어, 온라인 판매 사이트에서 AI를 이용한 개인화를 추구한다고 하자. 사용자의 검색 이력을 이용해서 사용자가 좋아할 만한 제품을 예측하고 추천하는 과정에 AI를 사용한다는 수준으로는 진보성이 없다고 판단하기 쉽다. 진보성을 인정받으려면 데이터 전처리나 후처리에 진화한 기술을 적용하거나 결과 데이터를 활용하는 방식에 변화를 주어야 한다. 데이터 전처리, 기계학습 방법, 학습모델에 새로운 방법이 적용되며 더 나은 효과를 기대할 수 있어야 진보성이 있다고 판단한다. 데이터 전처리는 입력 데이터에서 주요 특징을 도출하거나 규격화된 학습 데이터를 생성하는 경우를 포함한다.

비즈니스 메소드도 마찬가지다. 지금까지 인간이 수행하던 업무나 비즈니스 방법을 AI로 대체하려는 아이디어는 매우 많다. 진보성을 인정받으려면 AI를 어떻게 이용해서 업무나 방법을 어떻게 대체하는지 구체적으로 설명해야 한다. 단순히 AI를 이용한다는 수준에 머물면 진보성이 없다고 판단한다. 예를 들어, 금융기관에서 AI 모델을 사용해서 대출 신청자의 신용도를 평가하는 수준이라면 진보성은 없다고 판단한다. 금융거래 데이터를 전처리하거나 후처리하는 방법에 진화된 기술이 있거나 비즈니스 메소드에 큰 변화가 있다면 진보성이 있다고 판단하기 쉽다. AI 모델이 생성한 결과 데이터를 사용하는 방법에 특징이 있고 더 나은 효과를 기대할 수 있어야 한다. 결과 데이터를 사용하는 방법은 결과 데이터를 활용하는 구성, 결과 데이터에 기반한 생산물, 결과 데이터에 기반한 처리 방법을 포함한다.

예를 들어, 자동차 보험회사의 고객이 사고 차량을 촬영해서 전송하면 보험사의 서버는 이 영상을 AI 모델에 입력해서 파손된 부품과 부품별 파손 상태를 산출한다. 고객이 수리 유형을 선택하면 고객의 사고 이력에 따른 보험료 상승을 예측할 수 있다. 보험회사는 고객이 원하는 수리 유형을 정비 공장의 서버로 전송한다. 이 과정에서 지금보다 더 나은 효과를 만들어야 한다.

AI 모델은 학습용 데이터의 품질이나 양에 따라 성능이 변하고 결과 데이터 수준이 달라지지만 그렇다고 본 발명과 인용 발명에서 학습 데이터에만 차이가 있으면 진보성이 없다고 판단하기 쉽다. 학습용 데이터를 처리하는 새로운 방법을 제시하고 그 결과 더 나은 효과가 기대된다면 진보성이 있다고 판단할 수 있다. AI 모델의 학습 속도가 빨라지거나 예측 정확도가 향상되어도 진보성이 있다고 판단할 수 있다. AI 모델에는 학습 환경을 구성하는 방법, 모델을 검증하는 방법, 여러 개의 모델을 연계하는 방법, 분산 또는 병렬 처리하는 방법, 하이퍼파라미터 최적화를 구현하는 방법 등이 포함되어야 한다.

AI 특허의 진보성 판단은 쉽지 않다. 동일한 모델이라도 초기화 조건이나 학습 환경에 따라 결과가 달라질 수 있다. 심층학습 모델의 내부 작동은 불투명한 블랙박스로 제시되고 효과는 데이터에 의존하며 하드웨어와 소프트웨어의 상호작용이 섞이면서 진보성을 판단하기가 어렵다. 모델 구조나 하이퍼파라미터가 비슷해도 결과는 크게 달라질 수 있기 때문에 선행기술과 차별성을 입증하기도 어렵다. AI 성능은 모델보다 학습 데이터의 질과 양에 크게 의존하지만 그렇다고 데이터의 특징을 기술적인 기여로 인정할 수 있는지는 불명확하다.

이런 특징으로 인해 AI 특허는 통상의 기술자가 재현하기 어려울 수 있다. 더군다나 AI는 기술 진화 속도가 너무 빨라 시간이 조금만 지나도 구식이 되므로 심사하는 시점에는 선행기술은 아무도 사용하지 않을 수 있다. 심사하는 시점에 통상의 기술자가 과거의 기준을 명확하게 인식하기도 어렵다.

이런 이유로 AI 특허는 모델 구조보다 결과를 중요하게 여기는 경향이 있다. 정확도, 처리 속도, 에너지 효율처럼 선행기술보다 더 나은 효과를 만들 수 있는지가 진보성 판단의 기준이 된다. 여기서 데이터의 역할은 점점 더 중요해진다. 학습용 데이터의 독창성이나 전처리 방식이 성능에 큰 영향을 미치기 때문에 데이터는 진보성 판단의 중요한 기준이 된다. 데이터를 수집하거나 정제하는 방법 역시 진보성 판단에 중요한 요소가 된다.

- □ 과제를 해결하기 위해 이미 알려진 기술을 단순 적용했는가?
- □ 청구범위의 구성 요소는 인용 발명과 무엇이 다른가?
- □ 여러 개의 인용 발명에 포함된 구성 요소를 단순 결합했는가?
- □ 진보성을 주장하는 대상은 데이터 처리인가?
- □ 진보성을 주장하는 대상은 비즈니스 메소드인가?

4. 심사를 통과한다

엘리스Alice는 호주의 소프트웨어 기업이다. 금융거래에서 중개인을 통해 결제 위험을 줄이는 소프트웨어를 개발하고 특허 등록했다. 금융거래에서 한쪽은 돈을 지불하고 다른 한쪽은 돈을 지불하지 않는 위험을 피하기 위해 거래에 중개인이 개입하는 방법이다. 이 방법을 사용하면 은행끼리 환전할 때 중개인 은행이 양쪽 은행의 돈을 동시에 확인하고 이체한다. 엘리스가 등록한 특허에 대해 미국의 CLS은행은 특허 무효라고 주장했다. 엘리스는 CLS은행이 특허를 침해했다고 주장했다. 두 기업이 서로 소송을 걸었는데 2014년 미국 대법원은 엘리스 특허를 무효로 판결했다.[22] 추상적인 아이디어에 불과하다는 이유에서다. 이 판례를 계기로 AI와 소프트웨어 특허의 심사기준이 강화되었다. 미국특허청USPTO은 추상적인 아이디어와 컴퓨터를 단순히 결합한 내용은 엄격하게 심사했다. 그 결과, 비즈니스 메소드 특허 등록률은 30퍼센트 이상 감소했다. 미국 대법원은 진보성을 판단하기 위한 목적으로 2단계 테스트를 도입했다. 이름하여 엘리스 테스트다.

22 ▸ Alice Corp. Pty. Ltd. v. CLS Bank International, 573 U.S. 208 (2014), United States of America https://www.wipo.int/wipolex/en/judgments/details/871

1단계: 추상적인 아이디어인가?

거래 당사자 사이에 중개인이 개입하는 시스템은 널리 알려진 비즈니스 개념이라서 추상적이라고 판단했다. 온라인으로 대금을 지불하는 방식 역시 일반적인 개념이고 추상적이다. 비즈니스 개념이나 수학 공식은 추상적인 아이디어라서 특허의 대상이 아니다. 아이디어는 구체적으로 하드웨어나 데이터 처리 방식을 명세서에 설명해야 한다.

2단계: 새로운 가치를 만들어 내는 혁신인가?

단순히 컴퓨터를 도구로 사용해서 구현하는 수준이라면 혁신이 아니라고 판단했다. 추상적인 아이디어라도 기존에 없던 방식으로 데이터 전처리하고 더 나은 효과를 만들면 진보성이 있다고 판단한다. 효과를 만드는 방법은 통상의 기술자가 생각하기 어려우며 예측 불가능한 혁신이라는 사실을 증명하려면 실험 데이터나 결과물을 명세서에 추가해야 한다.

엘리스 판결 이전에 빌스키Bilski 판결이 있었다.[23] 2010년 미국에서 나온 판결인데 소프트웨어와 비즈니스 메소드 특허

23 ▸ Bilski v. Kappos, 561 U.S. 593 (2010) https://supreme.justia.com/cases/federal/us/561/593/

의 기준을 강화한 사례이다. 버나드 빌스키는 에너지 시장에서 가격 변동 위험을 줄이는 비즈니스 메소드를 특허 출원했다. 전기 요금이 오를 때 손실을 줄이는 수학적 방법이다. 미국특허청은 특허로 인정하지 않았고 빌스키는 소송을 제기했다. 미국 대법원은 빌스키의 비즈니스 메소드는 특허 대상이 아니라고 판단했다. 위험 회피라는 추상적인 아이디어라는 이유에서다. 빌스키 판결에서는 비즈니스 메소드는 원칙적으로 특허 등록이 가능하지만 추상적인 아이디어를 벗어나야 한다는 원칙을 확인했다. 이 판결을 계기로 비즈니스 메소드 특허에 대한 심사는 더욱 엄격해졌다. 아이디어를 단순히 컴퓨터로 구현한 소프트웨어는 특허 등록이 어려워졌다. 2014년 엘리스 판결에서 이 기준이 더욱 강화되었다.

비즈니스 메소드는 추상적인 아이디어에 불과한 경우가 많다. 예를 들어, AI를 이용해서 주가 변화를 예측한다는 수준은 추상적인 아이디어로 진보성이 없다. 독창적인 데이터를 이용하거나 새로운 모델을 사용해서 실시간으로 주가 변화 예측의 정확도를 크게 향상할 수 있다면 진보성을 인정할 수 있다. AI를 사용해서 데이터를 분석하고 개인에게 가장 어울리는 제품을 추천한다는 식이라면 추상적이다. 독창적인 멀티모달 데이터를 이용해서 새로운 알고리즘으로 분석하여 입회율이 크게 향상한다면 진보성을 인정할 수 있다.

비즈니스 메소드는 기술적으로 과제를 해결한다는 사실을 설명할 수 있어야 한다. AI가 고객 데이터를 분석해서 재고관리 비용을 크게 절감할 수 있다면 기술적으로 과제를 해결한 발명이다. 비즈니스 메소드 특허로 유명한 아마존의 원클릭 시스템은 온라인 결제 과정에서 생기는 과제를 기술적으로 해결해서 엘리스 테스트를 통과했다.

엘리스 테스트를 통과하려면 구체적인 기술 혁신이 필요하다. AI 특허는 선행기술과 비교해서 예상할 수 없던 정도로 큰 효과를 만들어야 한다. 단순히 AI를 사용해서 조금 더 나은 효과를 만드는 수준이라면 통상의 기술자가 충분히 예상할 수 있는 범위이므로 진보성을 인정하기 어렵다. AI를 활용해서 선행기술로는 불가능하던 수준으로 정확도를 높인다는 식으로 예상을 뛰어넘는 효과를 보여야 한다. AI로 인해 어떤 과제를 얼마나 크게 해결했는지가 중요하다.

AI 특허에서 데이터는 매우 중요한 요소이지만 진보성을 인정받으려면 효과를 보여야 한다. 지금까지 단일 유형의 데이터를 사용하던 방법에 멀티모달 데이터를 학습용으로 추가한다는 수준으로는 진보성이 인정되지 않는다. 멀티모달 데이터를 추가해서 예상을 뛰어넘는 효과를 만들 수 있다는 사실이 필요하다. 이 경우에 엘리스 테스트는 다음과 같다.

1단계: 추상적인 아이디어인가?

멀티모달은 단일 유형의 데이터보다 복잡한 과제를 해결하거나 성능을 개선할 가능성이 크지만 데이터 유형의 결합이라는 측면만 보면 추상적인 아이디어에 머문다. 이미지 데이터와 텍스트 데이터를 결합해서 사용한다는 정도라면 일반적인 개념에 머물고 추상적인 아이디어다. 멀티모달 데이터를 사용해서 단일 유형의 데이터를 사용하는 기술보다 얼마나 더 나은 효과를 만들 수 있는지 설명해야 한다.

2단계: 새로운 가치를 만들어 내는 혁신인가?

단순히 멀티모달 데이터를 사용했다는 수준만으로는 혁신이라고 말하기 어렵다. AI가 이미지와 텍스트를 함께 분석하고 결과 데이터를 생성한다는 수준이면 진보성을 인정하기 어렵다. 멀티모달 데이터를 사용해서 예측 불가능한 수준의 효과를 만들어야 진보성을 인정하기 쉽다. 단일의 이미지 데이터를 사용하면 정확도는 절반 수준에 머문다고 하자. 이 과제에 멀티모달 데이터를 사용해서 정확도를 매우 높은 수준으로 올릴 수 있다면 진보성을 인정하기 쉽다. 이 경우에도 멀티모달 데이터를 어떻게 결합하고 어떻게 하드웨어와 연동하는지 구체적으로 설명한다.

AI 모델의 학습 역시 엘리스 테스트를 통과해야 진보성을 인정받을 수 있다.

1단계: 추상적인 아이디어인가?

데이터를 이용해서 학습한다는 식으로 알고리즘이나 데이터 처리를 제시하면 추상적인 아이디어라고 판단할 가능성이 크다. 학습 과정에 하드웨어나 독창적인 데이터 처리가 추가되면 진보성을 인정받기 쉽다. 어떤 데이터를 학습하고 어떤 과제를 해결하는지 구체적으로 설명하면 추상적이라는 평가를 받지 않는다. 발명은 추상적인 아이디어가 아니라 구체적이고 혁신적인 기술이라는 사실을 증명해야 한다.

2단계: 새로운 가치를 만들어 내는 혁신인가?

AI 학습은 선행기술에 비해 예측 불가능한 정도로 더 나은 효과를 제공한다면 진보성을 인정받을 수 있다. AI를 활용해서 속도를 조금 빠르게 한다는 정도라면 진보성을 인정하기 어렵다.

☐ 발명은 추상적인 아이디어인가?

☐ 아이디어는 어떻게 구현하는가?

☐ 발명은 새로운 가치를 만들어 내는 혁신인가?

☐ 발명이 만드는 가치는 선행기술보다 더 나은가?

☐ 만약 발명이 심사를 통과하지 못한다면 이유는 무엇이라고 예상하는가?

5. 거절이유에 대응한다

특허 등록을 거절하는 이유에는 애매한 부분이 있으며 심사관에 따라 판단이 다를 수 있다. 이런 이유로 미국에서는 특허 적격성에 관한 기준으로 엘리스 테스트를 실시한다. 특허 적격성은 발명이 특허로 보호받을 수 있는 범주에 속하는지에 관한 평가이다. 한국에서는 이와 유사한 개념으로 산업에서 이용 가능성과 발명으로서의 적격성을 요구한다. 발명은 실제로 산업에서 이용할 수 있어야 한다.

발명은 적격성 요건을 통과해도 신규성과 진보성 심사에서 기각될 수 있다. 신규성은 지금까지 없던 새로운 발명이어야 한다. 진보성은 통상의 기술자가 쉽게 생각할 수 없는 정도로 예측 불가능한 개선이어야 한다. 특허 심사에서 거절할 만한 이유가 없으면 특허 등록된다. 특허의 권리는 등록 시점부터 발생하는데 특허를 출원할 날로부터 20년까지 권리가 유지된다.

한국은 최초의 심사에서 특허 거절 통지서를 발행하는 비율은 출원 특허의 90퍼센트 수준으로 보인다. 거절되는 비율이 90퍼센트라는 의미다. 한국과 일본은 거절하는 이유나 비율을 공개하지 않는다. 미국에서 특허 거절하는 가장 큰 이유는 진보성 결여다.[24] 진보성 부족 30퍼센트, 신규성 부족 21퍼센트, 설명 부족 19퍼센트가 나열된다. 이런 이유를 모두 합하면 거절이유의 70퍼센트 이상을 차지한다. 유럽은 진보성 부족 60퍼센트와 신규성 부족 25퍼센트 수준이다.[25] 신규성이 없으면 진보성이 없다. 신규성이 있으면 진보성은 있을 수도 있고 없을 수도 있다.

거절 통지서를 받으면 거절한 이유를 분석한다. 심사관의

24 ▸ The Most Common Rejections: 102, 103, and 112(b) https://blog.juristat.com/most-common-rejections

25 ▸ European Patent Office Opposition Statistics: Key Insights https://patentpc.com/blog/european-patent-office-opposition-statistics-key-insights?utm_source=chatgpt.com

거절이유가 타당하다면 불명확한 청구항에 설명을 보완하고 선행기술과의 차이를 구체적으로 설명한다. 실험 결과나 비교할 수 있는 데이터처럼 신규성과 진보성을 입증할 수 있는 자료가 있으면 추가로 제출한다. 거절이유가 부당하다면 근거를 제시하고 의견서를 제출한다. 의견서와 보정서를 함께 제출할 수 있다. 내용을 보정하고 거절이유가 사라지면 특허 등록된다. 미국은 최종 등록률이 80퍼센트 수준이다.[26] 한국은 출원 건수와 등록 건수는 공개하나 출원 대비 등록률은 공개하지 않으므로 최종 등록률은 알기 어렵다.

거절 통지서를 받으면 특허가 되지 못한다고 낙담할 수 있으나 사실은 그렇지 않다. 최초 심사에서 특허 등록된다면 오히려 더 큰 위험이 될 수 있다. 출원한 시점에서 등록된 시점까지 시간이 오래 걸리는데 이 시간 동안 시장이 변하고 기술이 변한다. 변화에 맞추어 특허를 보정할 수 없다면 기술을 독점한다는 의미가 퇴색한다. 출원 시점에 작성한 명세서와 청구범위는 등록 시점에는 권리 범위가 너무 좁거나 낡은 기술이 될 수 있다. 경쟁자가 쉽게 모방할 수도 있다. 특허 거절은

26 ▸ USPTO Patent Grant Rate and Growing Backlog https://patentlyo.com/patent/2024/11/uspto-patent-grant.html?utm_source=chatgpt.com

강한 특허를 만들기 위해 필요한 과정으로 활용해야 한다.

특허를 출원하고 심사하는 과정에서 심사관으로부터 거절이유통지서를 받으면 일반적인 절차라고 생각하면 된다. 그만큼 흔한 일이기 때문이다. 거절이유로는 신규성, 진보성, 명세서 기재불비, 실시 가능성 부족, 청구범위 불명확성 등 다양하다. 거절이유에 대해 상세하게 설명하면 특허 등록이 가능하다. 선행문헌과 본 발명의 차이점을 표 형식으로 만들어 비교하면 도움이 된다. 본 발명은 추상적인 아이디어가 아니라 구체적인 기술을 사용해서 더 나은 효과를 만든다는 점을 강조한다. 실험 결과나 시뮬레이션 데이터처럼 보충할 수 있는 자료가 있으면 추가로 제출한다. 문서만으로 설명하기 어려우면 특허청 심사관을 면담해서 직접 설명한다.

거절이유의 유형과 대응 방법을 파악하면 체계적으로 대응할 수 있다.

신규성 거절에 대한 대응

본 발명과 동일한 인용 특허가 있거나 동일한 내용의 문헌이 이미 존재한다면 신규성이 없다고 판단한다. 이 경우에는 선행문헌의 인용 부분을 구체적으로 비교한 후에 청구항의 구성 요소와 어디가 다른지 차별점을 비교한다.

거절이유로 데이터 전처리 방법에 신규성이 없다고 하자. 선행문헌에 유사한 기술이 이미 공개되어 있다는 이유가 많다. 이런 거절이유에 대해서는 선행문헌의 한계를 먼저 지적한다. 이어서, 본 발명은 새로운 기술을 사용해서 오차율을 대폭 감소하는 효과를 얻는다는 식으로 강조한다.

예를 들어, 다음과 같은 식으로 설명한다. 선행기술 1은 데이터 전처리 과정에서 표준화된 필터링 기법을 사용해서 노이즈를 제거한다. 이 방법을 사용하면 필터 크기는 고정되고 노이즈가 포함된 데이터에서는 오차율이 15퍼센트 이상으로 증가한다. 또한 균일한 분포를 가지는 데이터에 최적화되고 비정규 분포 데이터에서는 성능이 저하된다. 이에 비해 본 발명에서는 적응형 필터링 알고리즘을 사용해서 오차율을 5퍼센트 이하로 감소시킨다. 또한 기계학습에 기반한 전처리 모듈을 통합해서 비정규 분포 데이터를 처리할 때도 안정적인 성능을 유지한다.

진보성 거절에 대한 대응

선행기술을 단순히 조합하는 수준이며 통상의 기술자가 쉽게 발명할 수 있으면 진보성이 없다고 판단한다. 선행기술로는 예상하지 못하거나 만들지 못하는 효과를 만들 수 있다는 점을 강조해야 진보성을 인정할 수 있다. 예를 들어, 선행기술은 품질이 낮은 데이터에 의존했으나 본 발명에서 제안한 데이터 전처리 기술을 사용하면 데이터 품질을 대폭 개선할 수 있다는 식으로 설명한다. 실험에서 얻은 수치 결과가 있으면 추가로 제출한다. 본 발명은 선행기술로는 만들 수 없는 효과를 만들 수 있다는 점을 강조한다.

명세서 기재불비와 실시 가능성 부족에 대한 대응

AI 특허에서는 발명의 상세한 설명이 불충분하다는 이유로 거절하는 경우가 많다. 학습 데이터의 출처, 데이터 전처리 방법, 하이퍼파라미터, 평가 지표가 명확하지 않으면 통상의 기술자가 발명을 재현하기 어렵기 때문이다. 이런 경우에는 먼저 실시예를 보완한다. 학습 데이터, 모델 구조, 학습 횟수, 정확도 향상 수치를 명확하게 설명한다. 데이터는 독립적이며 일반화할 수 있기 때문에 특정의 데이터만이 아니라 유사한 데이터를 사용해도 동일한 효과를 만들 수 있다는 점을 설명한다. 연구 노트나 실험 데이터가 있으면 추가로 제출한다.

청구범위의 불명확성에 대한 대응

청구범위가 명확하지 않으면 권리 범위가 애매하다. 예를 들어, 데이터를 적절하게 처리한다는 식으로 청구범위를 적으면 구현하는 기술이 명확하지 않고 추상적이다. 이런 경우에, 청구항에는 필요한 동작이나 절차를 구체적으로 설명한다. 적절하게 처리한다는 표현은 예를 들어, 데이터에서 결측치를 평균값으로 대체하고 정규화 과정을 수행한다는 식으로 수정한다. 청구범위를 명확하게 한다는 이유로 권리 범위를 불필요하게 좁히면 안 된다.

□ 출원서류의 형식에 문제가 있는가?
□ 신규성에 관해 선행기술과 동일한 구성이 있는가?
□ 신규성에 관해 불필요한 청구항은 삭제하거나 명확하게 한정했는가?
□ 여러 개의 선행기술을 결합하는 발명이 통상의 기술자에게 어려운가?
□ 발명의 실시 가능성을 충분히 설명했는가?

III

가치를 확장한다

특허의 가치를 높인다

특허를 경영에 활용한다

표준특허로 시장을 확장한다

나가며 <교과목명: AI 특허전략>

특허의 가치를 높인다

1. 특허의 경제 가치를 평가한다

특허가 가진 경제 가치는 비용, 수익, 시장 관점에서 산정할 수 있다. 세 가지 관점은 조합해서 함께 사용할 수 있다. 예를 들어, 먼저 비용 접근법으로 최소 가치를 산정한 후에 수익 접근법으로 미래 가치를 추정한다. 부족한 점은 시장 접근법을 사용해서 보완하는 식이다.

비용 접근법

연구개발비나 인건비처럼 지금까지 기술 개발에 사용한 비용을 기준으로 최소 가치를 산정한다. 심층학습 특허는 데이터 구축, 고성능 컴퓨팅 이용, 전문가 인건비 등 개발 비용이 많이 들어간다. 투입된 비용 중에서 데이터 수집과 정제처럼 구분하기 어려운 항목도 있지만 회계 데이터를 집계하면 계산이 비교적 간단하다.

AI 특허는 참고할 만한 사례가 거의 없기 때문에 비용을 기준으로 특허의 최소 가치를 입증할 수 있다. 비용 접근법은 과거 비용만 집계하고 특허가 가진 미래 가치는 반영하지 않는다는 한계가 있다. 특허의 시장 영향력도 고려하지 않는다. AI 특허는 개발에 투입한 비용보다 미래 가치가 훨씬 클 수 있지만 이런 특징은 반영하지 못한다.

수익 접근법

특허가 미래에 창출할 수 있다고 예상하는 수익을 현재 가치로 환산한 가격이다. 로열티를 받거나 매출을 올려서 만들 수 있는 미래 수익을 할인 현금 흐름[DCF] 기법을 사용해서 계산한다. 미래의 현금 흐름을 현재 가치로 환산하기 위해 위험을 반영한 주관적인 할인율을 사용한다. AI 기술은 너무 빠른 속도로 진화하고 있으며 시장에서 수익을 내는 기업은 한정되기 때문에 특허로 만들 수 있는 미래 수익을 예측하기 어렵다. 이런 한계는 있지만 AI 특허는 미래에 수익을 낼 가능성이 크기 때문에 수익 접근법이 적합하다. 물론, 특허가 독창적이고 높은 수준의 기술을 가진다고 해서 이에 비례한 수익을 낸다는 보장은 없다.

시장 접근법

시장에서 유사한 특허나 지식재산이 거래되거나 라이선스 계약된 사례 중에서 비교가 가능한 경우에는 시장 가격을 기준으로 특허의 가치를 추정한다. 특허 가치를 평가하기 위해 가장 쉽게 사용할 수 있는 방법이다. 시장 접근법은 실제로 일어난 사례와 비교하기 때문에 현실적인 가격 범위를 산정할 수 있다. 비교할 만한 거래가 없으면 가격 범위를 산정하기 어렵다. 가장 최근에 등장한 AI 기술이라면 시장에서 거래된 사례가 거의 없기 때문에 비교할 만한 대상을 찾기 어렵다. 시장 환경이 변하면 특허 가치는 크게 변한다. AI 특허는 모델 구조나 데이터의 특징이 다르면 비교할 만한 대상인지조차 판단하기 어렵다.

특허의 가치는 다양한 관점에서 평가할 수 있지만 평가 결과는 금액으로 나타난다. 특허는 라이선스나 기술 사업화를 통해서 미래에 현금 흐름을 만들 수 있다. 미래의 현금 흐름을 현재 시점의 가치로 할인해서 평가하고 현금으로 환산한다.

이를 순현재가치NPV라고 한다. 기술의 가치를 산정하는 데 사용되는 재무 분석 방법이다. NPV는 미래 수익과 비용을 정량화하며 기술의 수명 주기와 시장의 불확실성을 반영해서 특허의 현재 가치를 산정한다.

NPV를 계산할 때 할인율을 얼마로 정할지가 중요하다. 할인율은 NPV를 계산하기 위해 적용되는 이자율이다. 자본 비용, 투자 위험, 인플레이션, 기회비용 등 고려할 수 있는 중요한 요소를 모두 반영하여 시간 흐름에 따른 미래 가치의 감소를 조정하는 비율이다. 할인율을 정하려면 AI 특허의 특징과 기술의 수명 주기를 반영해야 한다. 기술 개발 경쟁이 심하고 대체 기술이 등장하는 속도가 빨라지면 할인율을 높여야 한다. 미래의 현금 흐름이 불확실하고 기술이 진부화되어 사라질 위험이 크기 때문이다. 기술이 가치를 유지할 수 있는 기간이 짧다는 의미다. 이런 경우에는 연구개발에 투입한 자본을 빨리 회수해야 한다. 할인율을 높이면 미래의 현금 흐름은 급격히 가치가 낮아진다. NPV는 특허를 라이선스 대여하거나 폐기하는 기준으로 활용된다.

AI는 기술 진화 속도가 매우 빠르기 때문에 기술을 활용할 수 있는 기간이 생각보다 짧을 수 있다. 특허로 독점할 수 있는 기간이 20년이라고 해도 실제로 특허를 활용해서 가치를 만들 수 있는 기간은 아무리 길어도 10년 이내로 보아야 한다. 이런 이유로 AI 특허의 할인율은 10퍼센트 이상으로 설정하는 경우가 많다. 특허로 인해 미래 10년 동안 매년 1억 원의 현금 흐름을 만들 수 있다고 하자. 할인율 15퍼센트를 적용하면 현재 가치는 5억 원 수준이다.[1] NPV를 계산하는 순서는 다음과 같다.

① 미래의 현금 흐름을 예측한다.

현금 흐름은 라이선스 수익, 기술 사업화, 매출 증가, 시장에서의 영향력 증가로 만들 수 있다. 클라우드 서비스, 소프트웨어 구독, 광고 매출과 같은 수익도 포함된다. 현금 흐름을 계산하는 기간은 AI 기술은 보통 5년에서 10년을 예상한다.

② 비용 요소를 식별한다.

기술 개발에 투입된 비용, 특허 출원 및 유지비, 관리 비용, 기술 유지 관리 비용 등이 포함된다. 경쟁자의 소송이나 대체 기술의 빠른 도입으로 예상보다 큰 비용을 투입할 수 있다.

1 ▸ 순현재가치 https://ko.wikipedia.org/wiki/%EC%88%9C%ED%98%84%EC%9E%AC%EA%B0%80%EC%B9%98

③ 할인율을 설정한다.

기술 진화 속도와 대체 기술의 등장으로 인한 진부화 가능성을 고려해서 할인율을 정한다. 시장의 불확실성도 반영한다. AI 특허는 보통 10퍼센트에서 20퍼센트 범위에서 설정한다. 미래가 불확실할수록 할인율은 높아지고 미래 현금 흐름의 현재 가치는 낮아진다.

④ NPV를 계산한다.

미래 현금 흐름을 할인율로 나누고 현재 가치로 변환한 후에 초기 비용을 차감한다. 미래 현금 흐름에는 직접 수익에 더해 간접 가치도 포함한다. 특허를 오픈 소스로 공개하면 직접 만들 수 있는 라이선스 수익은 적지만 간접 가치는 크게 확대할 수 있다. 생태계의 확장으로 새로운 사업 기회를 만들 수 있으며 표준화 작업을 주도할 수 있다.

⑤ NPV를 활용한다.

의사결정에서 중요한 기준으로 활용한다. 특허 포트폴리오를 관리하거나 인수합병에서 상대 기업의 가치 평가에 활용할 수 있다. 가치 없는 특허는 폐기하고 전략적으로 활용하는 방법을 모색한다.

□ 특허의 가치란 무엇인가?
□ 특허의 경제적 가치는 누가 정하나?
□ 경제적 가치가 없는 특허는 의미가 없나?
□ 시간이 지나면서 할인율이 변하는 경우가 있나?
□ 특허의 경제적 가치를 유지하는 방법은 무엇인가?

2. 기술을 유명하게 만든다

AI라는 기술 용어를 모르는 사람이 없다. 그렇다고 AI가 무엇인지 구체적인 기술이나 원리까지는 알지 못한다. 스마트폰에서 앱을 이용하듯이 AI는 기술을 몰라도 얼마든지 일상에서 활용할 수 있다. AI를 사용해서 자료를 검색하거나 제품을 구매하는 데 아무런 어려움이 없다. 인류 역사에서 AI처럼 많은 사람이 알고 있는 기술이 있었던가 싶을 정도로 우리 주변에 AI가 넘쳐난다. 그만큼 AI는 유명한 기술인데도 불구하고 AI로 인해 크게 매출을 올리거나 막대한 이익을 내는 기업은 소수이다. 대부분의 기업은 AI에 투자하는 만큼의 이익을 내지 못하고 있다.

하지만 AI에 강한 기업은 유명한 기술을 보유했다는 평가로 인해 시장 경쟁에서 유리한 입장에 선다. 유명한 기술을 개발하거나 경영에 활용하는 기업은 유명한 기술을 보유한다는 사실을 강조한다. 경쟁에 유리하기 때문이다. 유명한 기술을 보유한 기업으로 소문이 나면 투자가도 몰리고 인재도 몰린다. 유명한 기술을 보유한 기업이라는 이미지로 인해 주가는 상승한다. 유명한 기술은 시장 경쟁에서 이길 가능성이 매우 크다. 고객이 기술을 알고 있으면 이 기술을 사용한 제품을 판매하기 수월하다.

기업에서는 기술을 발명하는 노력도 중요하지만 이미 발명한 기술을 유명하게 만드는 노력 역시 매우 중요하다. 기술이 유명해지려면 사건, 사람, 사상이라는 요소를 동시에 충족해야 한다. 어느 한 요소라도 제로가 되면 기술은 유명해지기 어렵다.

* 사건은 이벤트나 사고처럼 어느 날 갑자기 세상에 나타난 화제를 뜻한다. AI 바둑 프로그램인 알파고와 이세돌의 대국은 구글이 깜짝 공개한 이벤트다.
* 사람은 기술을 사용하는 사람의 생활감이나 당사자 의식을 뜻한다. 바둑이라면 누구나 알고 있고 바둑을 즐기는 사람도 많다. AI가 내 생활에 직접 영향을 끼친다 생각하면 당사자 의식이 생기고 자연히 화제가 된다.
* 사상은 기술이 세상에 던지는 질문을 뜻한다. AI는 어디까지 진화할

까? 누구나 AI와 인류의 미래가 궁금하다. 기술이 세상에 던지는 질문은 답하기 쉽지 않은 주제를 포함한다.

기술을 유명하게 만들려고 노력하고 실제로 그 기술이 유명해진다고 해도 유명세를 유지하는 데는 한계가 있다. 예를 들어, 2001년 미국의 발명가 딘 케이먼은 2륜 전동 이동체를 발명했다.[2] 세그웨이라고 불린 이동체인데 여기에 탑승한 운전자가 몸을 움직이면 이에 맞추어 자연스럽게 균형을 잡으며 이동한다. 스티브 잡스는 세그웨이가 바퀴의 혁명을 가져왔으며 미래에는 PC만큼 확장될 수 있다고 평가했다.[3] 각종 미디어는 세그웨이를 교통 혁명의 총아라고 소개했다. 하지만 시장에서 원했던 만큼 실용성이 없고 가격이 비싸다는 단점으로 인해 유명세는 금방 사라졌다.

이외에도 유명한 기술은 계속 등장하고 금방 사라진다. 블록체인은 2017년에 가장 유명한 기술이었다. 암호화폐와 함께 모든 산업에 적용할 수 있다는 기대감이 컸지만 유명세는

2 ▸ Project Ginger unveiled at last https://www.theguardian.com/technology/2001/dec/03/internetnews1

3 ▸ Reinventing the Wheel https://time.com/archive/6905012/reinventing-the-wheel-3/

금방 사라졌다. 2021년에는 메타버스가 가장 유명한 기술이었다. 페이스북이 회사 이름을 메타로 바꿀 정도로 유명했으나 사용 범위가 확장되지 않으면서 유명세는 사라졌다. 3D TV, 구글 글래스, 대체 불가능한 토근NFT처럼 유명한 기술이 해마다 등장했다가 사라진다.

기술을 유명하게 만들기 어렵다면 기술을 보유한 기업을 유명하게 만드는 방법도 있다. 대표적인 사례가 인텔이다. 반도체 기업인 인텔이 처음으로 지사를 설치한 국가는 1989년 일본이다. 그 당시 일본은 경제 성장기라서 대학생은 취직하기 쉬웠다. 인텔은 외국 기업이면서 규모도 작은 데다 반도체 역시 전문가가 아니면 거의 알지 못하던 시대였다. 인텔은 현지인을 사원으로 채용하는 게 쉽지 않았다. 인재 확보에 어려움을 겪던 중에 아이디어가 나왔다. '인텔 인 잇intel in it' 이라는 로고를 사용하자는 아이디어다. 인텔은 가장 유명한 기술을 보유한 최고의 기술 기업이라는 이미지를 광고하기 위해 PC에 로고를 붙이려고 계획했다. 이 계획에 도시바가 화답했다. 도시바는 자사 브랜드 PC에 인텔 로고를 붙였다. 인텔과 도시바는 유명한 기술을 사용하는 유명한 기업이라는 프리미엄을 얻었으며 두 기업 모두 매출이 증가했다. 효과를 확인한 인텔 본사에서는 '인텔 인사이드intel inside'로 로고를 바꾸어 전 세계로 확장했다. 유명한 기술을 보유한 기업이라는 이미지를 얻으면서 인텔은 유명한 기업이 되었다.

□ 인위적으로 기술을 유명하게 만들 수 있는가?
□ 기술이 유명하면 나쁜 점이 있나?
□ 유명한 기술은 쉽게 유명한 제품으로 연결되는가?
□ 내년에는 어떤 유명한 기술이 나올지 예측할 수 있나?
□ 유명한 기술 중에 시장에서 실패한 기술이 있나?

3. 기술 로드맵을 정기적으로 갱신한다

1) 기술 로드맵을 작성한다

기술 로드맵은 기술이 어떤 방향으로 얼마나 빠르게 진화하는지 예측하는 지도와 같다. 기술 진화는 방향과 속도의 함수다. 기술이 진화하는 방향은 여러 갈래로 나뉜다. 기술이 진화하는 속도는 투자 규모와 시장 확대에 따라 빨라지거나 늦춰진다. 기술 진화의 방향과 속도에 따라 여러 개의 기술 진화 시나리오를 만들 수 있다. 기업에서는 기술 로드맵에 기반해서 제품을 개발하거나 시장을 개척한다. 미래는 아무도 모른다. 기술 로드맵을 아무리 정교하게 만들어도 기술이 미래에 얼마나 진화할지는 실제로 미래가 오지 않으면 아무도 모른다. 누구나 예측은 할 수 있지만 예측에는 희망이 섞이기도 한다. 그래서 같은 기술이라도 작성 주체에 따라 기술 로드맵의 내용이 다르다.

예를 들어, AI 기술에 관한 로드맵으로 2019년 컴퓨팅 커뮤니티 컨소시엄[CCC]에서 공개한 AI 기술 로드맵도 있다. AI가 정부, 사회, 산업에 미치는 영향을 평가하면서 앞으로 해결해야 할 연구과제를 다음과 같은 항목에 맞추어 예측했다.[4] 기술 해설, 기술을 사용하는 목적, 기술에 기대하는 효과, 기술이 구현하는 기능, 기술을 구현하는 20XX년까지의 목표, 향후 5년 목표, 향후 10년 목표, 향후 15년 목표, 사회의 인식.

어떤 기술이라도 시간과 함께 기술이 진화하고 시장이 확대되면 기술 로드맵의 역할은 더욱 중요해진다. AI는 물이나 전기처럼 거의 모든 기술과 융합하고 거의 모든 산업에서 활용된다. AI 기술을 개발하거나 AI를 활용해서 시장에 진입하는

4 ▸ A 20-Year Community Roadmap for Artificial Intelligence Research in the US https://cra.org/ccc/wp-content/uploads/sites/2/2019/08/Community-Roadmap-for-AI-Research.pdf

전 세계의 기업은 소통 수단으로 기술 로드맵을 사용하게 된다. 기술 로드맵을 작성할 때는 반드시 포함할 네 가지 요소가 있다.[5] 시간, 예측, 관련, 조감이다. 기술 로드맵에는 특별히 정해진 형식은 없지만 네 가지 요소 중에서 적어도 시간은 반드시 포함해야 한다. 특정 시점에 어떤 기술이 어느 수준에 도달할지 명확하게 표현해야 한다.

* 시간: 기술은 시간과 함께 진화한다. 기술 로드맵을 작성하는 가장 큰 이유는 특정 기술이 어느 시점에 어느 정도 수준에 도달할지 예측하기 위해서다. 기술 수준은 정성적 혹은 정량적으로 표현한다.
* 예측: 기술 로드맵에 지정한 미래의 기술 수준은 어디까지나 예측에 불과하다. 기술이 진화하는 속도는 예측보다 빨라지거나 늦어지기 마련이다. 기업에서는 특정한 제품에 이용하는 기술이 어느 시점에 어느 정도 수준이 필요한지 지정한다.
* 관련: AI는 하위 개념에 많은 기술을 포함한다. AI라고 불리는 많은 기술은 단독으로는 진화하지 않으며 다른 기술과 영향을 주고받으면서 진화한다. 그러므로 특정 기술은 관련 기술의 진화와 함께 고려해야 한다. 특정 기술과 다른 기술이 융합해서 새로운 기술로 진화할 가능성이 크다. 이런 특징을 기술과 기술의 경쟁, 다른 기술로 대체, 다른 기술로 보완 등 기술 간의 관련으로 표현한다. 최근에는

5 ▸ 安永裕幸, 尹泰聖, テクノロジー・ロードマップ—技術知識の俯瞰と分析による新産業創造, オープンナレッジ, 2006.

데이터 기술과 융합해서 진화하는 사례가 늘어나고 있다

* 조감: 기술 진화의 전체 형상을 나타낸다. 하나의 기술 로드맵은 하나의 기술을 조감하는 지도다. 기술을 상세하게 구분해서 기술 로드맵을 몇 개로 나누어 작성하기도 한다. 몇 개 기술을 모아서 조감하는 기술 로드맵을 작성할 수도 있다.

기술 로드맵 중에 가장 널리 보급된 사례는 반도체 기술 로드맵이다. 1993년 미국은 국가 반도체 기술 로드맵을 작성했다. 한국을 포함한 일본, 대만, 유럽이 이 작업에 합류하면서 세계 규모의 기술 로드맵으로 확장되었다. 기술 로드맵은 반도체 산업의 발전을 위해 가장 적절한 기술 진화의 속도와 방향을 제시한다. 반도체 산업에 필요한 기술 요구 사항과 해결책을 쉽게 이해할 수 있다.

1998년 미국 반도체산업협회SIA를 중심으로 주요 국가와 기업이 참여하여 국제반도체기술로드맵ITRS작업이 시작되었다.[6] ITRS는 2년마다 정정 및 개정판을 발행한다. 무어의 법칙에 기반해서 트랜지스터 선폭의 축소와 반도체 기술의 진

6 ▸ 2015 International Technology Roadmap for Semiconductors (ITRS) https://www.semiconductors.org/resources/2015-international-technology-roadmap-for-semiconductors-itrs/

화를 예측한다. 무어의 법칙은 1965년에 인텔의 공동 창업자인 고든 무어가 제시했다. 반도체 칩에 집적할 수 있는 트랜지스터 숫자는 18개월마다 두 배씩 증가한다는 경험칙이다. ITRS는 2016년에 마지막 보고서를 발간했다.[7] 2021년을 기점으로 무어의 법칙과 실리콘에 기반한 트랜지스터의 선폭 축소는 경제적으로 의미가 없어진다고 예측했다.

2016년 IEEE를 주축으로 ITRS를 이어가는 차세대 기술 로드맵IRDS이 등장했다.[8] IRDS는 디바이스와 시스템을 포함하며 새로운 반도체 기술 전략을 제시한다. IRDS는 ITRS를 단순히 연장하는 범위를 초월해서 새로운 패러다임을 제시했다. 예를 들어, 모어 무어More Moore는 무어의 법칙에 기반해서 디지털 회로의 고집적화와 고성능화를 추구하려는 패러다임이다. 모어 댄 무어More than Moore는 집적회로 기술에서 새로운 기술 혁신을 추구하려는 패러다임이다. 비욘드 CMOSBeyond CMOS는 기존 상보성 금속 산화막 반도체CMOS 기술의 한계를 넘어선 차세대 반도체를 추구하려는 패러다임이다.

7 ▸ The International Technology Roadmap for Semiconductors: 2015 https://www.semiconductors.org/wp-content/uploads/2018/06/5_2015-ITRS-2.0_More-Moore.pdf

8 ▸ International Roadmap for Devices and Systems https://irds.ieee.org/

반도체는 투자 규모가 크고 여러 기업이 서로 영향을 주고받기 때문에 기술 로드맵은 전 세계의 반도체 관련 기업과 관계자가 협력해서 작성한다. IRDS는 반도체와 신흥 기술 분야에서 향후 15년까지 기술 진화를 예측한다. 시스템 통합과 생태계 전체를 대상으로 기술 로드맵을 작성한다. IRDS 작성은 몇 단계를 거친다.

① 목표와 범위를 정의한다.

기술 로드맵의 목표와 범위를 명확하게 정한다. 반도체 장치, 시스템 아키텍처, 사물 인터넷, 클라우드 컴퓨팅, 사이버 피지컬 시스템을 포함한다. 향후 15년 동안 발생이 예상되는 주요한 기술 동향을 인식한다. 혹시 일어날지도 모르는 산업의 위기 요소를 예측하고 기술 혁신의 필요성을 도출한다. 연구 기관, 제조기업, 부품공급기업 등 이해관계자의 합의가 중요하다.

② 국제 초점 팀IFT을 구성한다.

국제 로드맵 위원회IRC가 주도하는 전문가 그룹인 국제초점팀IFT을 구성한다. IRDS는 IFT를 구성해서 각각 장치, 공정, 시스템과 같은 분야를 담당한다. 델파이 기법을 사용해서 전문가들의 의견을 수렴한다.

③ 현황을 분석하고 도전 과제를 인식한다.

현재의 기술 상태를 평가하고 주요 도전 과제를 인식한다. 예를 들어, CMOS 기술의 한계를 뛰어넘거나 에너지 효율을 올리는 주제를 선정한다. 특허 데이터와 시장 데이터에 기반해서 기술 동향을 분석한다. 시나리오 플래닝을 통해 잠재적인 솔루션을 도출한다. 기술 혁신의 가능성을 발굴한다.

④ 미래 시나리오를 개발하고 기술 로드맵을 작성한다.

미래 15년을 기준으로 기술 진화가 예상되는 경로를 작성한다. IRDS는 테이블과 그래프로 가시화 표현한다. 기술 목표는 단기, 중기, 장기로 구분해서 제시한다. 단기는 5년이며 기존 기술을 최적화하기 위한 노력을 중심으로 예측한다. 중기는 10년이며 다양한 기술을 융합하는 가능성을 예측한다. 장기는 15년이며 전자기술이 아닌 다양한 기술의 진화를 예측한다.

⑤ 공개하고 갱신한다.

기술 로드맵은 현재 시점에 예측한 미래이지만 실제로 산업에서 기술이 진화하거나 시장이 확장되는 결과에 따라 내용이 크게 변할 수 있다. 그러므로 기술 로드맵은 매년 내용을 갱신해서 항상 현재 시점에서 바라보는 미래 모습을 정확하게 표현해야 한다.

□ 기술 로드맵은 누가 작성해야 하나?

□ 기술 로드맵을 가장 많이 인용하는 시기는 언제인가?

□ 기술 로드맵을 작성하지 않아도 되는 경우가 있나?

□ 기술 로드맵 작성에서 가장 어려운 부분은 무엇인가?

□ 기술 로드맵은 기술 진화에서 어떤 역할을 하는가?

2) 창조적 파괴를 예측한다

오스트리아의 경제학자인 요제프 슘페터는 창조적 파괴 이론을 주장했다.[9] 혁신적인 제품, 기술, 생산 방식, 시장 개척 등 기업가의 혁신 활동이 기존의 경제 구조와 기술을 파괴하고 새로운 가치를 창출한다는 내용이다. 창조적 파괴의 핵심적인 동력은 혁신이다. 기술 로드맵을 작성하거나 갱신할 때 가장 예측하기 어려운 부분이 바로 혁신에 의한 창조적 파괴다. 일반적으로 기술 로드맵에서 기술은 선형으로 진화한다. 창조적 파괴가 등장하면 기술은 비선형으로 진화한다.

9 ▸ Capitalism, Socialism & Democracy https://periferiaactiva.wordpress.com/wp-content/uploads/2015/08/joseph-schumpeter-capitalism-socialism-and-democracy-2006.pdf

지금까지 주류였던 기술은 한순간에 사라지고 완전히 새로운 기술이 등장한다. 예를 들어, 음악을 즐기는 기술은 카세트테이프, CD, MP3를 거쳐 음원 스트리밍 서비스로 진화했다. 지금은 플랫폼에서 인터넷을 통해 원하는 음악을 실시간으로 듣는다. 미래에 AI 아티스트가 작곡과 작사를 하고 보컬까지 할 수 있다면 지금은 없는 기술이 생길 수 있다.

기술은 파괴하고 창조하는 과정을 반복한다. 창조적 파괴는 비연속적으로 발생한다. 기술 로드맵은 기존 기술을 파괴하고 새로운 가치를 창조하는 경로를 전망한다. 창조적 파괴가 언제 어떤 형태로 등장할지 미래를 정확하게 예측할 수는 없지만 몇 가지 질문에 답하면서 미래가 향하는 방향을 그릴 수 있다.

어떤 기술이 한계에 도달했나?

한계에 도달한 기술은 파괴의 대상이 될 수 있다. 기술의 한계를 인식하고 파괴의 대상을 예측한다. 예를 들어, 현재의 기술 중에서 에너지 소비가 비효율적이거나 진부한 기술은 에너지 효율이 높고 분산 처리가 가능한 기술에 의해 파괴될 가능성이 크다. AI 기술에도 한계가 도달했거나 한계가 드러나는 기술이 있다. 예를 들어, 대형 언어모델[LLM]은 학습용 데이터가 고갈되었다. 트랜스포머는 패턴 인식에 강하지만 추론 능력이 부족하다. 이미지나 비디오를 생성하는 AI는 학습용 데이터가 부족하고 문화나 지역에 따른 편견이 있다.

대체할 후보 기술이 있나?

파괴된 기술을 대체할 수 있는 기술을 탐색한다. 예를 들어, LLM은 소형언어모델SLM과 AI 에이전트로 대체될 전망이다. 트랜스포머에 기반한 생성형 AI는 테스트 타임 컴퓨트TTC와 멀티모달 학습으로 대체될 수 있다. 합성곱 신경망CNN, 순환 신경망RNN, 지도학습, 관계형 데이터베이스 관리시스템RDBMS은 트랜스포머, 자기 지도학습, 통합 벡터 데이터베이스로 대체될 가능성이 크다. 대체할 수 있는 기술은 특정 분야에 한정하지 않고 분야를 넓혀서 탐색한다. 만약 농업에서 창조적 파괴가 일어난다면 대체할 후보 기술은 금융업이나 제조업에서 등장할 수도 있다.

실패는 창조적 파괴의 과정인가?

다양한 기술이 경쟁하는 환경에서 기술 개발에 실패하거나 시장 진입이 순조롭지 못한 기술이라도 이는 창조적 파괴의 도입 과정일 수 있다. 실패했다고 해서 사라진 기술이라고 섣불리 단정하지 않는다.

예를 들어, 1996년 GM에서 출시한 EV1은 대량 생산한 최초의 전기차였으나 1999년 단종되었다.[10] 배터리 기술의 한계, 충전 인프라의 부족, 석유 업계의 반발 때문이다. 전기차는 시장에서 실패했다. 2008년 테슬라가 전기차 시장에 진입했다. 배터리 성능을 높이고 충전소를 늘리면서 시장을 확장했다. 테슬라가 성공하면서 자동차 시장은 내연기관 자동차에서 전기차로 이동하는 큰 패러다임이 생겼다.

새로운 생태계를 창조하는가?

창조적 파괴는 기존 산업을 파괴하면서 새로운 생태계를 창조한다. AI로 인해 기존의 택시 업계가 파괴되면서 새로운 자동차 대여 생태계가 구축되는 식이다. 전통적인 백화점과 소매시장은 줄어들고 아마존과 알리바바를 대표로 하는 전자상거래 생태계로 변했다. 불특정 대중을 향한 마케팅은 개인화 마케팅으로 변했다. 신문과 TV 같은 전통 미디어는 넷플릭스와 유튜브와 같은 스트리밍 서비스로 변했다. 영상을 시청하는 모든 구독자에게는 개인화에 의한 추천이 가능하다.

10 ▸ 제너럴 모터스 EV1 https://en.wikipedia.org/wiki/General_Motors_EV1

□ 창조는 반드시 파괴를 동반하나?

□ 파괴한 후에 창조하지 못하는 경우가 있나?

□ 창조적 파괴는 어떤 기술에서 흔하게 일어나는가?

□ 창조적 파괴는 기술 진화에서 어떤 역할을 하는가?

□ 창조적 파괴를 예상할 수 있나?

3) 기술 고정화와 기술 다각화에 주의한다

기업은 기술 진화가 가능한 몇 개의 경로를 예측하고 단계별로 대응 전략을 수립한다. 일반적으로 3년 이내의 단기, 3년에서 10년 이내의 중기, 10년 이상의 장기 목표를 구분한다. 목표를 달성하기 위해서 필요한 기술은 로드맵을 만들어 예측한다.

제품과 서비스를 개발하려면 기술이 필요하다. 이때 구체적으로 어떤 기술을 사용할지는 매우 중요한 과제다. 기술은 하나만 존재하는 경우는 드물다. 여러 개의 기술 중에서 언제 어떤 기술을 선택해야 할지는 중요한 경영 과제다. 예를 들어, 등장한 지 오래되었으며 안정된 효과를 얻을 수 있지만 에너지를 많이 사용하는 기술이 있다. 최근에 개발되어 에너지는 적게 사용하지만 필요한 만큼의 효과는 만들지 못하는 기술도 있다. 도입 비용이 큰 기술도 있고 적은 기술도 있다.

다양한 기술을 후보로 두고 어느 시점에 어떤 기술을 도입할지 검토한다. 기술 진화와 기술 대체 시나리오를 그래프로 그리면 이해하기 쉽다. 그래프를 보면서 새로운 기술을 도입해서 기존 기술을 대체하면 생산성이 향상되거나 원가를 절감한다는 식의 효과를 기대한다. 예를 들어, 현재 사용하고 있는 기술 A를 특정 시점에 기술 B로 대체하고 그 후에 다시 기술 C로 대체한다거나 혹은 기술 A에서 곧장 기술 C로 대체한다는 식으로 시나리오를 만든다.

시나리오를 현재 시점인 시점 1에서 판단하면 기술 A에서 기술 B로 대체하고 다시 기술 C로 대체하는 시나리오가 최적일 수 있다. 하지만 시간이 지나면 최적 시나리오는 변할 수 있다. 일정한 시간이 지난 후에 시점 2에서 판단하면 기술 A가 예상보다 더 많이 진화해 기술 B를 능가할 수준이 될 수 있다. 이런 상황이라면 기술 B는 건너뛰고 기술 C로 곧장 대체할 수 있다. 기술 A에서 너무 성급하게 기술 C로 대체하면 아직 결함이 많아서 제품 개발이 위태로워질 수도 있다. 새로운 기술을 언제 도입하고 어떤 기술을 대체하는 게 최적인지 판단하는 과정에 주의할 사항이 있다.[11]

11 ▸ 伊丹敬之, 日本の技術経営に異議あり, 日本経済新聞出版社, 2009.

기술 고정화에 주의한다.

일반적으로 경영자는 지금 사용하고 있는 기술을 더 오래 사용하려고 한다. 기술 A를 사용한 제품이 시장에서 인기가 있다면 굳이 기술 B로 대체하려고 하지 않는다. 성숙한 기술이라면 조달 비용이 저렴하고 고객에게 일일이 기술을 설명하지 않아도 되므로 굳이 시간과 비용을 투자해서 새로운 기술을 선택할 필요가 없다. 새로운 기술은 아직 안정되지 않았으며 기대한 만큼 효과를 만들려면 시간이 필요하다. 섣불리 도입하면 오히려 경영에 부담이 될 수도 있다. 경영자는 다른 기업이 도입한 결과를 살피면서 결정을 유보하려고 한다. 그렇다고 새로운 기술을 도입하지 않고 현재 사용하고 있는 기술만 너무 고집하면 기술은 진화하지 못하고 과거 기술에 고정된다.

기술 다각화에 주의한다.

어느 조직이든 기술 책임자는 새로운 기술을 도입하려고 한다. 이들은 기술 개발을 마라톤 경주에 비유한다. 선두 그룹에 속해서 달리면 언제라도 맨 앞으로 나가 우승할 수 있다. 우승은 못하더라도 좋은 성적을 거둘 수 있다. 이에 비해 하위 그룹에 속해서 달리면 선두 그룹을 쫓아가기도 힘들며 우승은 거의 불가능하다. 기술은 계속 진화하기 때문에 새로운 기술을 도입하는 시기를 놓쳐버리면 아예 신기술을 도입하지 못할 수 있다고 경고한다. 기존 기술과 시너지 효과를 내지 않는 새로운 기술을 도입한다면 그에 상당하는 기회비용을 각오해야 한다.

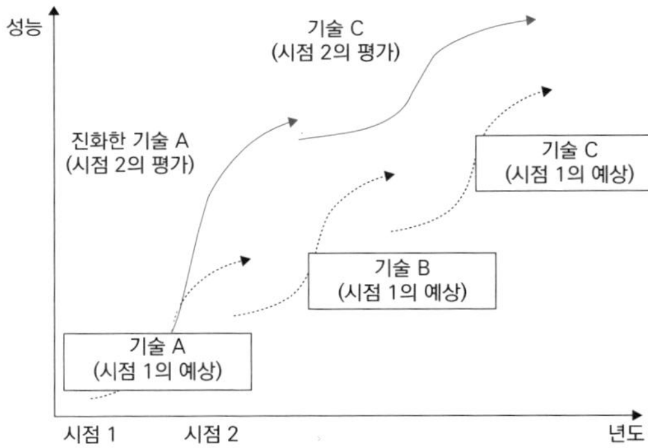

기술 진화와 기술 대체 시나리오

☐ 기술 로드맵은 언제 작성하는가?

☐ 기술 로드맵은 언제 갱신하는가?

☐ 기술 로드맵은 몇 년 후 미래까지 포함하는가?

☐ 기술 고정화의 위험을 해결하는 방법은 무엇인가?

☐ 기술 다각화의 위험을 해결하는 방법은 무엇인가?

4. 미래 기술을 예측한다

기술 로드맵을 그리고 창조적 파괴로 이어지는 경로를 예측하려면 미래에 어떤 기술이 등장할지 예측해야 한다. 미래에 등장할 수 있는 기술과 그 영향을 전망하기 위해 델파이 기법과 시나리오 플래닝을 많이 사용한다. 이외에도 다양한 수법이 있다.

델파이 기법

여러 명의 전문가를 모아 의견을 듣고 미래 기술을 예측하는 정성적 방법론이다. 의견 수집은 기명이나 익명으로 한다. 의견 수집은 한 번으로 끝내기도 하지만 여러 번 반복하는 경우도 있다. 반복하는 경우에는 다른 전문가의 의견을 참고로 자신의 의견을 수정한다. 전문가들의 편견을 줄이고 합의를 도출한다. 전문가들의 합의를 통해 기술 로드맵의 우선순위를 설정한다. 기존 기술을 대체할 혁신 기술의 등장 시기와 영향을 예측한다. 델파이 기법을 진행하는 순서는 다음과 같다.

다양한 분야의 전문가 그룹을 구성한다.
특정 주제에 관한 질문지를 배포한다.
전문가는 기명 혹은 익명으로 기술 진화를 예측한다.
대답을 종합해서 피드백한다.
의견이 수렴할 때까지 위의 작업을 반복한다.

시나리오 플래닝

시나리오 플래닝은 기존의 산업 구조를 파괴할 기술 혁신이 어떤 경로로 새로운 시장을 창조할지 탐색한다. 기업은 다각화된 기술 포트폴리오를 구축한다. 시나리오 플래닝은 불확실성을 수용하며 미래에 대비한 유연한 전략을 세울 수 있다. 미래에 어떻게 대비할지 다양한 시나리오를 만들고 이를 기반으로 전략을 수립한다. 시나리오 플래닝을 진행하는 순서는 다음과 같다.

규제나 시장 확장처럼 기술 진화에 영향을 미치는 주요 동인을 인식한다.
기술을 채택하는 속도나 윤리 문제처럼 기술의 불확실성을 인식한다.
이를 바탕으로 서로 다른 미래 시나리오를 다섯 개 정도 만든다.
각 시나리오마다 기술 로드맵을 만들고 평가한다.
각 시나리오마다 실행 계획을 수립한다.

트렌드 분석

기술과 시장의 변화를 분석해서 미래를 예측하는 정량적 방법론이다. 반도체 기술이라면 무어의 법칙을 분석해서 미래를 예측하거나 특허 출원 동향을 분석해서 기술 진화를 추정하는 식이다. 기술이 기존 산업을 파괴하고 새로운 시장을 창조하는 과정을 정량적으로 예측한다.

백캐스팅

미래의 특정 시점에 달성하고 싶은 목표를 먼저 설정한다. 이어서 목표를 달성하기 위해 필요한 과정을 거꾸로 설계한다. 목표를 달성하는 시점에 맞추어 현재부터 미래를 향해 필요한 기술 개발과 투자 계획을 세운다. 의도적으로 창조적 파괴를 설계해서 기존의 산업 구조를 재편하려는 목적이 강하다.

환경 스캐닝

기술, 사회, 정치, 경제의 환경 변화를 체계적으로 추적하고 기술 진화에 따른 기회와 위협을 인식한다. 규제 강화나 공급망 분리와 같은 환경 변화를 분석하고 기술 로드맵을 조정한다. AI가 기존 시장을 파괴하고 새로운 생태계를 창조할 가능성을 탐색한다.

특허 분석

특허는 기술이 진화하는 방향을 정량적으로 예측할 수 있는 좋은 근거가 된다. 어떤 특허가 어떤 특허를 인용했는지 구조를 네트워크 분석하면 기술 생태계의 주요 플레이어와 경쟁 구조를 알 수 있다. 특허는 출원 숫자를 파악하는 작업도 중요하지만 인용 횟수와 인용된 특허에 어떤 의미가 있는지를 분석하는 작업이 더욱 중요하다. 특허 인용 네트워크에서 중심에 위치한 노드는 많이 인용되는 특허로 핵심 기술을 나타낸다. 인용 네트워크에서 구분할 수 있는 클러스터는 산업 생태계를 나타낸다.

모델 및 시뮬레이션

모델을 사용해서 기술 진화에 관한 다양한 시나리오를 만들고 시뮬레이션한다. 기술 성능을 시뮬레이션해서 최적의 로드맵을 설계한다.

□ 미래 기술을 예측하는 목적은 무엇인가?
□ 미래 기술을 예측한 후에는 무엇을 하나?
□ 미래 기술을 가장 잘 예측하는 주체는 무엇인가?
□ 미래 기술이 예측대로 진화하지 않는다면 이유는 무엇인가?
□ 미래 기술을 예측하려면 어떤 노력이 필요한가?

5. 유스 케이스를 작성한다

특허 출원하고 등록하기까지는 몇 년이라는 시간이 걸린다. 특허를 이용해서 경제적인 가치를 창조하려면 더 많은 시간이 필요하다. 시간이 지나면 특허는 강한 특허와 약한 특허로 구분된다. 강한 특허는 경제적인 가치를 창조하고 약한 특허는 연차등록료만 낭비한다. 강한 특허를 만들려면 특허를 어디에 어떻게 활용하면 좋은지 미리 용도를 제시해야 한다. 아무리 좋은 기술이라도 특허만 보고 사업 기회를 발견하기는 쉽지 않기 때문이다. 특허를 활용해서 경제적인 효과를 만들기 위해 유스 케이스를 활용하면 좋다.

유스 케이스는 특허를 어디에 어떻게 활용하면 좋은지 구체적인 방법을 제시하는 안내서와 같다. 일종의 특허 활용 시나리오라 할 수 있다. 하나의 유스 케이스에는 하나의 시나리오만 담는다. 업무에는 여러 기술이 필요하기 때문에 실제로 유스 케이스를 참고할 때는 여러 개의 유스 케이스를 함께 활용할 수 있다.

유스 케이스의 가장 중요한 고객은 업무 담당자이다. 예를 들어, 인사 업무를 대상으로 하는 유스 케이스는 인사 담당자에게 특허를 활용하는 방법을 제시한다. 마찬가지로 제품 개발자가 개발 업무에 활용하는 유스 케이스도 있고 회계 담당자를 위한 유스 케이스도 가능하다. 다양한 산업과 다양한 업무를 대상으로 하는 유스 케이스가 많을수록 특허를 활용하는 방법을 폭넓게 이해할 수 있다. 유스 케이스를 작성하는 관점은 두 가지다.

특허 관점

하나의 특허로 해결할 수 있는 여러 개의 과제를 제시한다. 특허는 가능한 상위 개념으로 권리를 주장하기 때문에 여러 개의 하위 개념을 포함한다. 각각의 하위 개념에 어울리는 유스 케이스를 만들 수 있다. 예를 들어, 상위 개념으로 모빌리티를 지정한 특허라면 하위 개념인 자동차와 바이크에 관한 유스 케이스를 각각 별도로 만들 수 있다. 유스 케이스는 매우 상세하게 시나리오를 만들기 때문에 같은 모빌리티라고 해도 자동차와 바이크의 유스 케이스는 내용이 서로 다르다.

과제 관점

하나의 과제를 해결할 수 있는 여러 개의 특허를 제시한다. 과제 관점은 업무 처리 과정에서 생기는 과제를 해결할 수 있는 유스 케이스를 작성한다. 예를 들어, 영업 담당자는 제안서 작성, 고객 상담, 영업 전략, 고객 분석에서 발생하는 과제를 해결할 수 있는 유스 케이스를 작성한다. 마케팅 담당자는 마케팅 콘텐츠 작성이나 고객 대응에서 발생하는 과제를 해결할 수 있는 유스 케이스를 작성한다. 기획 담당자는 기획 입안, 프로젝트 관리, 조사, 리포트 작성에서 생기는 과제를 해결할 수 있는 유스 케이스를 작성한다. 이외에도 교육 훈련 담당자, 홍보 담당자, 채용 담당자 등 다양한 업무에서 생기는 모든 과제에 대해 유스 케이스를 작성할 수 있다.

AI 특허에 기반하는 유스 케이스는 AI 모델, AI 서비스, AI 시스템을 포함한다.

* AI 모델: 단순하게 말하면 알고리즘이다. 데이터를 학습한 알고리즘은 특정 과제를 해결할 수 있다. 이미지 인식 모델이나 자연어 처리 모델처럼 수학 모델이 많으며 특정 과제 해결을 목표로 학습한다.
* AI 서비스: AI 모델을 스마트폰이나 클라우드에서 애플리케이션 프로그래밍 인터페이스API 형태로 제공하는 형태를 말한다. API는 AI 모델과 사용자를 이어 주는 인터페이스다. API를 통하기 때문에 사용자는 AI 모델을 직접 훈련시키지 않아도 AI 모델을 쉽게 활용할 수 있다. 여러 기업에서 다양한 기능의 API를 제공한다.
* AI 시스템: AI 모델을 포함해서 다양한 기술을 융합해 과제를 해결하는 시스템이다. 자율주행차나 스마트 홈 시스템처럼 범위가 넓고 복잡한 경우가 많다. 하나의 AI 시스템에는 여러 개의 AI 모델이 포함된다. 유스 케이스는 대부분 AI 시스템을 고려하기 때문에 국제

표준을 참고할 수 있다. 예를 들어, 국제표준화기구ISO와 국제전기기술위원회IEC가 공동으로 작성한 기술 보고서에는 AI의 다양한 유스 케이스를 공개하고 있다.[12] 일반적으로 AI 시스템을 반영한 유스케이스에는 다음과 같은 항목이 포함된다.

〈유스 케이스〉

(1) 기본 요소

* 번호: 고유한 번호나 코드
* 제목: 내용을 간략하게 설명하는 제목
* 개요: 유스 케이스 내용을 간결하게 요약
* 목표: AI 시스템이 달성하려는 목표
* 참여자: AI 시스템과 상호작용하는 다른 시스템이나 사용자
* 전제조건: AI 시스템을 실행하기 전에 만족해야 하는 조건이나 상황
* 기본 흐름: AI 시스템과 사용자가 정상적으로 상호작용할 때의 흐름
* 대체 흐름: 기본 흐름에서 벗어난 예외적인 상황이나 대체 경로
* 사후조건: AI 시스템이 작동을 끝낸 후의 상태

(2) 기술 요소

* AI 기술: 어떤 AI 기술을 어떻게 활용하는지 구체적으로 설명

12 ▸ ISO/IEC TR 24030:2024 Information technology — Artificial intelligence (AI) — Use cases https://www.iso.org/standard/84144.html

* 예상 성과: AI 시스템이 동작을 완료한 후에 얻을 수 있는 성과
* 성공 기준: AI 시스템이 성공적으로 실행되었는지 평가할 수 있는 기준

(3) 관련 요소

* 위험 및 제한 사항: AI 시스템 실행 중에 발생할 수 있는 위협 요소와 제한 상황
* 기타 고려 사항: 윤리적, 법적, 사회적 특징을 포함한 고려 사항
* 유사한 유스 케이스: 비슷한 목적을 가졌거나 비슷한 기술을 사용하는 유스 케이스
* 관련 특허: 국내외 특허 출원 번호, 제목, 출원인
* 관련 표준: 국내외 표준이나 사실상의 표준
* 관련 조직 및 담당자: 벤치마킹하거나 협업이 가능한 조직과 연락처

유스 케이스는 특허를 어디에 어떻게 활용해서 어떤 가치를 창조할 수 있을지 제안하는 시나리오이므로 AI 기술을 모르는 경영자라도 AI를 활용하는 유스 케이스는 내용을 이해할 수 있어야 한다. 유스 케이스를 활용하는 담당자는 대부분 AI 기술에 깊은 지식이 없기 때문에 내용 설명에는 일상에서 사용하는 용어를 사용하거나 조직에서 통용되는 용어를 사용해야 한다. 전문지식이 필요한 용어나 약어를 사용하면 의미를 이해하지 못하거나 잘못 이해할 수 있다. 내용을 오해하지 않도록 가급적 명사, 동사, 숫자를 사용해서 설명한다.

AI 특허를 활용하기 위한 유스 케이스에는 인간과 AI가 상호작용해서 목표를 달성하는 과정이 구체적으로 담겨 있어야 한다. 유스 케이스 내용이 구체적이고 내용을 읽으면 머릿속으로 상황을 이해할 수 있어야 한다. AI 특허를 업무에 활용하면 무엇이 가능한지 예상할 수 있어야 한다. 기술의 한계나 위협 요소도 예상할 수 있어야 한다. 유스 케이스를 활용하면 AI 특허를 투명하고 안전하게 활용할 수 있다.

다음은 가상으로 작성한 유스 케이스이다. AI가 사원의 퇴사 확률을 예측하고 결과 데이터를 이용해서 사원의 업무를 배분하는 AI 시스템이다.

〈사원 퇴사 확률을 예측하고 업무를 배분하는 방법〉

(1) 기본 요소

* 번호: #HR001
* 제목: 사원의 퇴사 확률을 예측하고 결과 데이터를 업무 배분에 활용하는 방법
* 개요: AI 시스템이 사원의 데이터를 분석해서 미래 특정 시점의 퇴사 확률을 예측한다. 관리자는 예측 결과를 참고해서 각 사원에게 배분하는 업무를 적절하게 관리한다.
* 목표: 사원의 퇴사율 10퍼센트 이상 감소 및 업무 배분에 관한 사원 만족도 10퍼센트 이상 향상

* 참여자: AI 퇴사 예측 시스템, 인사 담당자, 사원이 소속한 팀의 관리자, 책임자
* 전제조건:
  - AI 시스템이 사원의 인사 데이터를 학습할 수 있어야 한다.
  - 인사 데이터를 포함해서 분석에 사용되는 모든 데이터는 전처리를 통해 학습이 가능한 수준이어야 한다.
* 기본 흐름:
  - 데이터: AI 시스템이 인사 데이터를 정기적으로 수집한다.
  - 확률: AI 시스템이 수집된 데이터를 이용해서 사원의 퇴사 확률을 계산한다.
  - 인식: AI 시스템은 퇴사 확률이 높은 사원을 인식한다.
  - 경고: 관리자에게 퇴사 확률이 높은 사원의 존재를 경고한다.
  - 업무: 관리자는 퇴사 확률이 높은 사원에게 적절한 업무인지 확인한다.
  - 배분: 사원은 적절한 업무에 투입된다.
* 대체 흐름:
  - 특정 사원의 인사 데이터가 불충분하면 예측할 수 없거나 정확도가 낮아진다.
  - 관리자에게 데이터가 부족하다는 사실을 알리고 대체할 수 있는 데이터를 입력한다.
  - 특정 사원의 퇴사 확률이 이전에 비해 급격하게 상승한 경우에는 관리자에게 즉시 경고하고 사원 면담을 포함해서 적절하게 조치한다. 관리자는 확률을 참고로 업무를 배분한다.
* 사후조건:
  - 사업을 총괄하는 책임자에게 사원의 퇴사 확률을 제공한다.

- 인사 데이터가 갱신되면 예측 모델도 갱신해서 예측 정확도를 개선한다.

(2) 기술 요소

* AI 기술:
  - 예측에는 랜덤 포레스트나 그라디언트 부스팅을 포함한 분류 알고리즘을 사용한다.
  - 학습에 사용하는 데이터는 조직 내부의 인사 데이터를 중심으로 한다.
* 예상 성과:
  - 적절하게 업무를 배분하여 불필요한 퇴사를 방지한다.
  - 데이터에 기반한 인사관리를 구현한다.
* 성공 기준:
  - 기술 관점: 퇴사 예측 모델의 정확도 90퍼센트 이상이면 AI 시스템의 기술 수준은 성공이라고 평가한다.
  - 경영 관점: 퇴사 확률에 기반해서 사원에게 업무 배분을 조정한 결과 퇴사율이 5퍼센트 이상 감소한다면 인사 정책은 성공이라고 평가한다.

(3) 관련 요소

* 위험 및 제한 사항:
  - 퇴사 예측 결과를 공개하거나 부적절하게 사용할 가능성이 있다.
  - 퇴사 확률이 높게 예측된 사원에게 업무 배분과 인사이동에서 불이익을 주면 안 된다.

- 퇴사 예측에 사용한 인사 데이터는 조직에서 가장 민감한 데이터에 속하므로 개인정보 보호와 보안 유지가 필수다.
- 퇴사 예측 시스템은 특정 사원이 왜 퇴사하는지에 관한 근본적인 원인이나 사원의 속마음은 알기 어렵다.

* 기타 고려 사항:
  - 퇴사 확률은 어디까지나 예측에 불과하므로 퇴사 확률이 높게 나온다고 해도 실제로 퇴사할지는 모른다.
  - 퇴사 예측 시스템을 사용하는 관리자는 명확한 윤리의식이 있어야 한다. 퇴사에 관한 법규를 준수해야 한다.

* 유사한 유스 케이스:

고객 이탈 예측 모델이나 보험 계약자의 계약 해지 예측처럼 본 유스 케이스와 유사한 유스 케이스를 참고한다.

* 관련 특허:
  - 조직에서 보유한 국내외 특허 출원 번호와 제목을 적는다.
  - 특허 발명자 이름과 연락처를 적는다.
  - 외부 조직의 특허 중에 사원 행동에 기반한 퇴사 예측 시스템이나 업무 배분에 관한 특허가 있으면 모두 적는다. 발명자 인적 사항을 적는다. 발명자는 외부 조직의 핵심 인재일 가능성이 크다.

* 관련 표준:

국내표준, 국제표준, 사실상의 표준이 있으면 표준 번호와 제목을 적는다.

* 관련 조직 및 담당자: 유스 케이스의 내용에 관해 문의할 수 있는 연락처를 적는다.

□ 유스 케이스는 언제 작성하는가?
□ 유스 케이스 작성에서 가장 어려운 점은 무엇인가?
□ 유스 케이스는 언제 갱신하는가?
□ 유스 케이스를 공유하는 범위는 어디까지인가?
□ 유스 케이스를 폐기하는 기준은 무엇인가?

6. 지식재산 패키지를 구축한다

특허 출원하려면 비용과 노력을 들여야 한다. 기업은 단순히 기술을 발명했다고 자랑하기 위해서 특허 출원하지는 않는다. 특허를 출원하는 가장 중요한 목적은 기술을 독점하기 위해서다. 하지만 문제가 있다. 기술을 발명하고 특허를 보유한다고 해서 누구나 제품을 개발해서 시장에 진입하지는 못한다. 제품은 저절로 생기지 않고 시장이 혼자 확장되지도 않는다. 특허는 기술을 발명했다는 증명이지만 제품 개발과 시장 진입의 보증서는 아니다. 제품도 없고 시장도 없다면 기술의 독점권은 아무 의미가 없다.

기술을 제품으로 만들어서 시장에 진입하려면 기술 사업화 과정이 필요하다. 특허에서 시장까지 이어지는 기술 사업화에 성공하려면 반드시 죽음의 계곡을 건너야 한다. 죽음의 계곡을 무사히 건너려면 특허를 사용해서 만들 수 있는 제품이나 비즈니스 모델을 최대한 폭넓게 모색해야 한다. 특허를 활용해서 새로운 제품을 개발하면 시장에 진입한다. 시장에는 이미 많은 제품이 팔리고 있다. 이 중에는 시장을 지배하고 있는 제품도 있다. 새로운 제품은 기존 제품과 경쟁해서 살아남아야 한다. 시장이라는 다윈의 바다에서 죽어 버리는 제품이 대다수다. 시장 관점에서 기술을 이해하고 사업을 설계하는 능력이 필요하다.

신약 개발이나 재료 개발은 특허가 있으면 경쟁력이 향상하며 비교적 쉽게 수익으로 연결할 수 있다. 하지만 AI 시스템처럼 여러 기술을 융합해야 만들 수 있는 제품과 서비스는 필요한 기술이 너무 많기 때문에 한 기업에서 모든 지식재산을 보유할 수 없다. 기술을 활용해서 제품과 서비스를 개발하고 시장에 진입하고 싶다면 지식재산 패키지가 필요하다. 기술에서 시장까지 몇 번이고 만나는 기술에서 시장으로 가는 과정에서 만나는 죽음의 계곡과 다윈의 바다를 건너기 위한 가장 든든한 자원이 바로 지식재산 패키지다.

지식재산(IP)은 1차 IP와 2차 IP로 구분할 수 있다.[13] 1차 IP와 2차 IP를 합쳐서 지식재산 패키지라고 부른다. 1차 IP는 특허처럼 법적으로 독점권을 부여받은 지식재산이다. 산업재산권, 저작권, 신지식재산권이 포함된다. 산업재산권은 특허, 실용신안, 디자인, 상표에 관한 권리를 포함한다. 저작권은 저작재산권과 저작인격권을 포함한다. 저작물이란 소설, 그림, 영화, 노래, 컴퓨터 프로그램, 웹사이트 디자인 등을 포함한다. 신지식재산권은 반도체, 반도체 배치 설계, 영업 비밀, 데이터베이스, 유전자원을 포함한다.

2차 IP는 법적 보호 여부와는 상관없이 조직에서 유용하게 활용하는 지식재산이다. 대표적으로 유스 케이스가 있다. 이 외에도 특허를 활용한 경영 사례집, 특허를 활용한 제품과 서비스 개발 가이드, 특허를 활용한 비즈니스 모델 라이브러리, 특허에 관한 기술 로드맵처럼 특허 활용에 도움을 주는 내용이 모두 포함된다.

고객은 제품과 서비스를 사용할 때 구체적으로 어떤 기술인지 의식하지 않는다. 하지만 기술이 없으면 제품과 서비스

13 ▸ 윤태성, AI 매니지먼트 – AX시대 CEO가 갖춰야 할 비즈니스 전략, 시크릿하우스, 2025.

도 없다. 1차 IP는 주로 기술에 집중한 내용이고 2차 IP는 주로 기술을 시장으로 연결하는 내용이다. 1차 IP로 기술의 독점권을 확보하고 2차 IP로 시장 진입과 독점을 위한 가능성을 모색한다. 기술에서 시장으로 연결하려면 1차 IP와 2차 IP 모두 중요하다.

IP 패키지를 확장하려면 개방형 혁신이 필요하다. 개방형 혁신은 내부와 외부의 기술과 자원을 적극적으로 활용해서 혁신을 가속화하고 가치를 창출하는 전략이다.[14] 외부의 지식을 내부로 끌어오는 기술 유입과 내부의 기술을 외부로 밀어내는 기술 유출을 통해 경계를 초월한다. IP 패키지를 확장하는 과정은 다음 순서로 진행한다.

① IP 현황을 분석하고 약한 특허를 찾는다.

IP 패키지 구축은 현재 보유하고 있는 모든 특허에 대해 강점과 약점을 평가하는 작업에서 시작한다. 개별 특허의 인용률, 시장 영향력, 기술 수준을 평가한다. 약한 특허는 청구범위가 너무 좁아 사업화의 기회가 적고 기술 혁신으로 이어

14 ▸ Henry William Chesbrough, <Open Innovation>, Harvard Business Review Press, 2006

지기 어렵다. 하지만 약한 특허라도 여러 개 결합하면 강한 특허로 변할 가능성이 있다.

② 개방형 혁신을 추진한다.

개방형 혁신은 기업이 외부의 지식과 자원을 활용해서 혁신하는 전략이다. 약한 특허를 단독으로 강화하기보다 개방형 혁신을 통해 IP 패키지를 확장한다. 기업은 대학교와 산학협력을 강화해서 새로운 알고리즘을 개발하고 데이터 처리 방법을 개선한다. 오픈 소스 커뮤니티에 참여해서 기술 진화를 노린다. 약한 특허의 기술 범위를 확장하고 새로운 특허를 출원해서 청구범위를 넓힌다. 외부의 기술을 이용해서 약한 특허를 강한 특허로 만든다.

이와 반대로 약한 특허를 외부에 공개하거나 공유해서 간접 가치를 창조하는 방법도 있다. 특허를 오픈 소스로 공개하고 생태계 확장을 유도하며 표준화 작업을 주도한다. 약한 특허를 오픈 소스 커뮤니티에 공개하면 다른 기업의 피드백을 받아 특허의 실용성을 높일 수 있다. 다른 기업과 크로스 라이선스를 하려면 약한 특허라도 많은 양이 필요하다.

③ 외부 기업과 파트너십을 맺는다.

IP 패키지를 매개로 시장에 진입해서 특허의 가치를 높인다. 컨소시엄, 공공기관과 민간 기업의 파트너십, 기업 인수합병을 통해 IP 패키지를 확장한다. 자사의 특허를 다른 기업에 제공하며 파트너 계약을 해서 특허의 가치를 높인다. IP 패키지의 가치를 높이기 위해 외부 기업과 함께 생태계를 확장하는 노력이 중요하다.

④ IP 랜드스케이프를 사용한다.

IP 랜드스케이프는 지식재산의 전체적인 모습을 분석하는 프레임이다.[15] IP 랜드스케이프를 사용하는 단계는 일반적으로 경영전략이나 사업전략을 수립할 때이다. 지식재산권 정보를 포함해서 IP 패키지를 분석한 결과를 경영자와 사업 책임자가 공유한다.

IP 랜드스케이프에서는 특허를 양적 관점과 질적 관점에서 분석한다. 양적 관점은 특허 건수를 평가한다. 특정 기술

15 ▸ [일본] 경영전략에 도움이 되는 IP 랜드스케이프 실천 가이드북, 한국지식재산연구원 https://www.dbpia.co.kr/journal/articleDetail?nodeId=NODE11963432

분야나 기업의 특허 포트폴리오의 범위를 나타낸다. 지식재산에 관한 기업의 활동 범위와 경쟁력을 알 수 있다. 질적 관점은 특허의 깊이를 나타낸다. 청구권리와 인용 빈도를 분석하면 기술의 독창성과 시장 적용 가능성을 예측할 수 있다.

- □ 1차 IP는 얼마나 보유하고 있나?
- □ 2차 IP는 얼마나 보유하고 있나?
- □ 1차 IP와 2차 IP는 상호 연결되나?
- □ 지식재산 패키지를 어떻게 활용하는가?
- □ 지식재산 패키지 내용이 충분한지 어떻게 판단하나?

특허를 경영에 활용한다

1. 특허 침해를 방지한다

당신이 등록한 특허를 어떤 기업에서 제품 X에 무단으로 침해했다는 의심이 든다고 하자. 당신이 이 기업을 상대로 특허 침해 소송을 제기하려면 가장 먼저 확인해야 하는 원칙이 있다. 모든 요소 충족 원칙이다. 청구항에 기재된 모든 구성요소가 제품 X에 포함되어 있어야 특허 침해라고 인정한다. 특허 침해를 확인하려면 청구항의 모든 요소를 하나하나 분석하고 제품 X가 모든 요소를 침해했는지 확인해야 한다. 구성 요소의 하나라도 침해하지 않았으면 특허를 침해했다고 인정하지 않는다.

예외적으로 침해 균등론이 있다. 모든 요소 충족 원칙에 입각해서 특허 침해를 인정하기 어려운 경우에도 제품 X가 특허의 구성 요소와 실질적으로 동일한 기능, 방식, 결과를 생성하면 침해라고 인정할 수 있다.

모든 요소 충족 원칙은 심층학습에 기반한 AI 특허에서는 적용하기 어렵다. 심층학습 모델은 내부 작동이 불투명해서 청구항에 기재된 특정 신경망 구조나 학습 알고리즘과 같은 요소가 이 기업의 제품에 사용되었는지 판단하기 어렵다. 비슷한 성능을 가진 다른 구조를 사용할 수 있기 때문이다. AI 특허에는 학습용 데이터나 데이터 전처리 방법이 포함되는데 이 기업의 제품 X가 전혀 다른 데이터를 사용해서 비슷한 결과를 생성한다면 모든 요소를 충족하는지 여부가 애매하다. 제품 X는 최신의 AI 기술을 사용하고 청구항에 기재된 일부 기술을 우회할 가능성이 크다.

이런 문제를 방지하려면 특허의 청구항에 모델 구조, 데이터 처리, 하드웨어 요구 사항을 명확하게 설명해야 한다. 명세서에서 다양한 구현 방식과 실시예를 설명하면 균등론을 적용할 가능성을 넓게 주장할 수 있다. 실시예가 다양할수록 특허 침해를 방지하기에 유리하다는 의미다. 특허는 목표가 아니라 출발점이다. 특허를 경영에 활용해서 경제적인 가치를 만들어야 한다. 경제적인 가치를 실현하는 좁은 의미는 특허권을 행사해서 특허 침해를 저지하는 행위다. 넓은 의미에서는 라이선스 제공을 통해 시장에서 영향력을 키운다.

특허 분쟁이 생기면 다양한 방법으로 해결할 수 있다. 가장 기본적인 방법은 당사자들끼리 진행하는 협상이다. 라이선스 계약을 하고 로열티를 지급하는 형식으로 합의하는 경우가 많다. 당사자들끼리 합의하지 못하고 제3자가 개입해서 조정하거나 중재하는 경우도 있다. 조정은 법원이나 특허청 산하 조정위원회가 개입해서 당사자들의 합의를 유도한다. 중재는 대한상사중재원이나 세계지식재산권기구WIPO 중재센터가 관리하며 법적인 구속력을 가진다.

분쟁이 해결되지 않으면 특허권자가 침해자를 상대로 손해배상을 청구하는 민사소송도 가능하다. 민사소송에 더해 형사처벌이 가능한 형사 고소를 함께 진행하는 경우도 많다.

특허 분쟁에서 상대방의 특허를 무효로 만들기 위해 무효심판도 빈번하다. 상대방의 특허가 요건을 충족하지 못한다고 판단하면 심판의 1차 관할권을 가진 특허심판원을 통해서 등록된 특허를 법적으로 무효로 만들 수 있다.[16] 특허심판원은 이미 등록된 특허의 무효 이유를 판단한다. 특허심판원은 절차에 따라 무효심판 심리와 심결을 진행해서 특허권의 유효성을 결정한다. 심리는 당사자들의 주장과 증거를 바탕으로 특허의 유효성을 판단하는 절차다. 심결은 심리 결과에 따라 특허를 무효로 하거나 유지하는 결정이다. 무효 이유로는 특허 요건 위반, 신규성 결여, 진보성 결여, 산업에서 이용 불가능, 명세서와 청구범위 기재 불충분, 발명이 불명확하거나 실시할 수 없도록 기재, 출원 절차상의 하자, 직무발명처럼 출원인이 권리를 가질 수 없는 경우, 동일 발명에 대한 중복된 특허, 다른 사람의 명의를 도용한 부정한 출원 등이 있다.

무효가 확정되면 특허는 처음부터 없었던 것과 같은 효력이 생긴다. 특허심판원의 심판 결정에 불복하면 특허법원에 행정소송을 제기한다. 특허법원 판결에도 불복하면 대법원 상고가 가능하다. 대법원은 법률심이라 법령 해석, 절차 위반 여부, 법리 오해 여부만 판단하며 사실인정은 특허법원 판결에 따른다.

16 ▸ 특허법 제133조(특허의 무효심판) https://www.law.go.kr/%EB%B2%95%EB%A0%B9/%ED%8A%B9%ED%97%88%EB%B2%95/%EC%A0%9C133%EC%A1%B0

특허가 하드웨어의 외관, 구조, 디자인에 특징이 있다면 침해를 확인하기 쉽다. 특허 침해가 의심스러운 제품이 시장에서 판매되고 있다면 해당 제품을 구매해서 분해한 후에 설계를 확인하거나 작동 방식을 보면 특허 침해 여부를 판단할 수 있다.

특허 침해를 확인하기 어려운 경우도 있다. 침해가 의심되는 제품의 화학 성분을 분석해야 하는 경우나 소프트웨어를 해석해야만 침해 여부를 알 수 있다면 현실적으로 침해를 확인하기 어렵다. AI 특허에서 알고리즘에 집중한 방법 발명의 경우에는 소프트웨어를 침해해도 침해 사실을 입증하기 어렵다. 특허의 청구범위가 좁을수록 침해를 발견하기 어렵다.

특허 침해를 입증하는 책임은 특허권자에게 있다. 침해 사실을 입증하려면 특허 청구범위에 기재된 모든 내용을 그대로 이용하고 있는지 확인해야 한다. 이런 어려움에도 불구하고 소프트웨어 특허는 늘어나고 특허 침해 소송도 늘어나고 있다. 2022년 미국에서 등록된 특허의 64퍼센트는 소프트웨어 관련이다. 미국에서 특허 소송의 45퍼센트는 소프트웨어 특허와 관련되어 있다.[17] 소프트웨어, 하드웨어, 네트워크를 포함한 하이테크 특허에 관한 소송은 미국 특허 소송의 70퍼센트를 차지한다.[18]

한국에서는 한국지식재산보호원KOIPA에서 특허 분쟁 위험 경보 시스템을 제공한다.[19] 예를 들어, 2025년에 분쟁 위험이 가장 큰 분야는 디지털 정보 통신 분야다. 뒤를 이어 경영·금융·상거래 관련한 시스템의 분쟁 위험이 크다. AI는 특허 분쟁 위험이 그다지 크지 않다. 분쟁 발생 건수는 기술 분야 전체의 평균보다 오히려 적다. 생각할 수 있는 이유는 다음과 같다.

* 오픈 소스 활용: AI 모델 특허는 대부분 논문으로 공개하거나 오픈 소스를 무료 혹은 라이선스로 개방한다. 특정 기업이 등록한 특허가 배타적으로 기술을 독점하는 사례는 매우 드물다. 경쟁기업과 크로스

17 ▸ Patent Litigation Statistics https://gitnux.org/patent-litigation-statistics/?utm_source=chatgpt.com

18 ▸ Software-Related U.S. Patent Grants in 2022 Remained Steady While Chinese Software Patents Rose 8% https://ipwatchdog.com/2023/03/28/software-related-u-s-patent-grants-2022-remained-steady-chinese-software-patents-rose-8/

19 ▸ 한국지식재산보호원, 특허 분쟁 위험경보 시스템 https://koipa.re.kr/ipalert/front/user/main.do

라이선스를 체결하는 사례도 많다.

* AI 특허의 영향: 화학 원료나 의약품 같은 물질 특허와 달리 AI 특허는 단 한 건의 특허로 제품이나 시스템을 완성하기 어렵다. 특허 한 건의 영향은 상대적으로 크지 않다.
* AI 활용 특허: AI 활용에 특징이 있는 특허는 아직 출원 중이거나 등록만 완료한 특허가 많으며 시장에 큰 영향을 줄 만한 특허는 드물다. 시장을 독점할 만한 특허도 드물다. 지금은 AI 시장을 지배하기 위해 빅테크들이 서로 경쟁하는 단계이므로 아직 시장을 독점하는 기업은 출현하지 않았다고 할 수 있다. 시장을 독점하거나 과점하는 기업이 등장하면 경쟁자에게 특허 침해 소송을 걸고 공격할 가능성이 크다.

☐ 특허의 신규성과 진보성은 무효심판에 버틸 만큼 강력한가?
☐ 상대방 제품이나 서비스는 특허 청구범위의 모든 요소를 침해하는가?
☐ 특허권 침해를 입증하기 위해 증거를 확보할 수 있나?
☐ 소송의 시간과 비용을 감당할 수 있나?
☐ 소송에 따른 시장의 반응은 어떻게 예측하는가?

2. 기술 사업화를 추진한다

기술을 발명하고 특허를 출원한 후에 제품을 개발하고 시장에서 성공하기까지는 어려운 과정을 거쳐야 한다. 죽음의 계곡을 무사히 건너고 이어지는 다윈의 바다에서 생존해야 한다. 죽음의 계곡은 기술 발명에서 특허 출원을 거쳐 제품 개발까지의 과정이다. 다윈의 바다는 시장에 진입해서 경쟁에 이기고 이익을 내기까지의 과정이다. 이런 어려움 때문에 기업은 모든 특허를 사업으로 연결하지는 않는다.

예를 들어, 날개 없는 선풍기는 2008년 영국 기업인 다이슨이 특허 출원한 제품이지만 가장 먼저 특허를 출원한 기업은 일본 기업인 도시바다. 도시바는 1981년 특허를 등록하고도 제품을 개발하지 않았다. 이유는 많았다. 팬이 본체 안에 숨어 있어서 불편하다. 팬이 돌면서 공기를 흡입해 바람을 내보내면 바람이 너무 약하다. 바람을 강하게 하면 너무 시끄럽다. 본체가 더러워져도 청소할 수 없다. 이런저런 이유로 도시바는 특허를 방치했다.[20]

20 ▸ 윤태성, 과학기술은 어떻게 세상을 바꾸는가, 반니, 2021.

특허가 제품으로 이어지기까지 긴 시간이 필요한 사례도 많다. 2019년 테슬라는 레이저 와이퍼 기술을 특허 등록했다.[21] 자동차 유리에 오염 물질이 쌓이면 이를 감지하고 레이저로 구워서 없애버리는 기술이다. 유리창이 찢어지지 않도록 얼룩의 위치나 크기에 따라 레이저의 출력 강도를 조정한다. 테슬라가 레이저 와이퍼를 제품으로 개발할지는 아직 모른다. 만약 레이저 와이퍼가 나온다면 100년 만에 와이퍼 기술이 교체되는 셈이다. 와이퍼는 1903년 미국인 메리 앤더슨이 발명했다.[22] 앤더슨이 발명한 기술은 지금까지 100년 이상 변하지 않았다. 앤더슨은 특허를 출원했고 1903년부터 17년간 유효한 특허로 등록되었다.[23] 특허를 등록한 앤더슨은 기술을 팔려고 여러 자동차 기업과 상담했으나 하나도 팔지 못했다. 와이퍼가 바쁘게 움직이면 운전사가 정신이 산만해져서

21 ▸ Pulsed laser cleaning of debris accumulated on glass articles in vehicles and photovoltaic assemblies, US20190351873A1. https://patents.google.com/patent/US20190351873A1/en

22 ▸ Alabama Woman Stuck In NYC Traffic In 1902 Invented The Windshield Wiper https://www.npr.org/2017/07/25/536835744/alabama-woman-stuck-in-nyc-traffic-in-1902-invented-the-windshield-wiper

23 ▸ Window-cleaning device, US743801A. https://patents.google.com/patent/US743801A/en

사고를 일으킬 수 있다는 이유에서다. 앤더슨이 등록한 특허는 1920년에 기한이 만료되었고 제품으로 나오지 못했다.

와이퍼는 1922년 캐딜락이 처음 사용했다.[24] 운전사가 실내에서 와이퍼를 조작하는 방식이다. 1926년에 독일의 보쉬가 전기 모터를 사용한 와이퍼를 개발했다. 1950년대에는 워셔액을 사용하는 와이퍼가 개발되었다. 1960년대에는 일정한 시간을 두고 움직이는 간헐식 와이퍼가 등장했다. 블레이드 대신 초음파로 물을 튕겨내는 기술도 있었지만 제품으로 나오지는 않았다. 비가 오는지 강수량은 얼마인지 감지하는 센서도 개발되었다. 와이퍼로 인해 자동차 시장이 확장되었고 자동차 시장이 확장되면서 와이퍼 시장도 확장되었다. 시장이 확장되는 원인은 종종 주변 제품에 있다. 주변 제품이 주력 제품의 가치를 올려 주면 시장이 확장된다.

이런 어려움에도 불구하고 특허를 활용해서 기술 사업화를 추진하는 사례는 많다. 특허권자는 직접 제품이나 서비스를 개발하고 시장에 진입한다. 특허를 기반으로 벤처를 창업하기도 한다. 새로운 기술을 이용하므로 시장에서 크게 성공

24 ▸ ワイパーはただ水を拭き取っている訳ではない!? 100年以上変わらないワイパーの仕組みとは https://kuruma-news.jp/post/413169

할 수도 있지만 역설적으로 새로운 기술이기 때문에 시장에서 실패할 위험도 크다. 위험을 줄이기 위해 특허권자와 사업 파트너가 공동으로 기업을 설립하는 조인트벤처도 있다. 특허권자는 기술을 제공하고 사업 파트너는 자본을 제공하는 형태가 많다. 각자 위험을 분산하고 시너지 효과를 창출할 수 있다.

기술 사업화의 위험을 줄이기 위해 다른 기업에 특허권을 제공하는 라이선스 계약을 하는 사례도 많다. 특허권을 다른 기업이 사용할 수 있도록 제공하고 로열티를 받는다. 로열티는 일시금으로 받거나 매출에 연동한 로열티를 받는다. 라이선스는 기술 사업화를 직접 추진하는 경우에 비해 실패의 위험은 줄어들지만 라이선스만으로는 매출이 크게 늘지 않는다는 한계도 있다. 기술이전을 시도하는 사례도 많다. 기술이전은 특허권과 함께 관련 기술도 포함해서 이전하는 경우가 많다. 특허만으로는 완전한 기술이전이 어렵기 때문이다. 주로 대학이나 연구소가 활용하는 방식이다.

- □ 기술 사업화를 추진하는 과정에서 가장 큰 어려움은 무엇인가?
- □ 기술이 뛰어나면 사업화 성공률이 올라가나?
- □ 조인트 벤처 대상으로 선택하기 좋은 기업의 조건은 무엇인가?
- □ 기술 라이선스를 제공하면 안 되는 경우는 언제인가?
- □ 기술이전에서 암묵지는 어떻게 제공하나?

3. 암묵적인 특허 동맹을 맺는다

특허에는 소극적인 의미의 방어 전략과 적극적인 의미의 공격 전략이 있다. 방어 전략은 농구나 축구처럼 대인방어와 지역방어로 구분할 수 있다. 대인방어에서는 특정한 조직이 출원하는 특허라면 모두 추적하고 분석한다. 특정 조직은 경쟁기업일 수도 있고 관심을 가지고 추적하는 기업일 수도 있다. 대상이 되는 조직이 출원하는 특허를 모두 분석해서 어떤 기술을 개발하며 미래에 어떤 시장을 지향하는지 예측한다. 지역방어는 조직이 아니라 특정한 기술 분야에 집중한다. 특정한 기술 분야에서 출원되는 특허는 모두 분석한다. 특정한 기술 분야는 어떤 방향을 향해 진화하고 있는지 이해하고 미래에 등장할 시장을 예측한다.

공격 전략은 특허를 이용한 매출 증가와 원가 절감을 노린다. 업계를 선도하는 기업은 자사 제품과 서비스에 사용하는 수준보다 더 넓은 범위에서 대량으로 특허 출원한다. 특허가 많으면 경쟁자의 특허 등록을 방해한다. 특허 출원에는 시간과 비용이 필요하므로 기업으로서는 상당한 수준의 자원을 투입해야 한다.

특허의 방어 전략과 공격 전략을 동시에 실행하는 방법이 있다. 암묵적인 특허 동맹을 통해서다. 중요한 기술을 주도하는 기업이라면 이미 실행하고 있는 전략이다. 예를 들어, 오픈AI는 애플과 파트너십을 맺고 아이폰에 챗GPT를 탑재한다. 애플 제품에 오픈AI 기술을 도입하는 형태이므로 상식적으로 생각하면 애플이 오픈AI에 로열티를 지불해야 한다. 하지만 애플은 오픈AI에 로열티를 지불하지 않으며 오히려 오픈AI에서 로열티를 징수하려고 한다. 오픈AI가 아이폰을 통해서 많은 이용자를 확보하고 막대한 수익을 만들 수 있다고 여기기 때문이다. 애플과 오픈AI는 암묵적인 동맹이다. 애플에는 과거에도 유사한 사례가 있었다. 2022년 아이폰에 구글의 검색 엔진을 탑재했다. 그 대가로 구글은 애플에 200억 달러를 지불했다. 구글은 애플에 기술도 제공하고 대가로 현금도

지불했다. 이 계약은 미국 법원에서 반독점법 위반으로 유죄 판결을 받았다.[25]

특허를 출원하고 등록하는 과정은 기업의 고유한 활동이기 때문에 다른 기업과 동맹을 맺을 필요가 없다. 자사의 특허가 표준특허로 지정되거나 사실상의 특허가 되어 시장에서 영향력이 커지면 다른 기업과 암묵적인 특허 동맹을 맺는다. 암묵적인 특허 동맹은 강한 특허를 보유한 기업과 강한 시장 지배력을 가진 기업 사이에 형성되며 느슨하게 연합한다. 암묵적인 특허 동맹을 형성하려면 시장에 영향을 주는 특허를 보유한 기업이 소수여야 한다. 표준특허를 보유한 기업이 적으면 암묵의 동맹을 형성하기 쉽다. 표준특허는 아니라도 시장에서 반드시 활용해야 하는 특허가 있거나 제품 개발에 필요한 노하우가 있으면 암묵적인 특허 동맹에 가입할 수 있다.

기업의 사업 환경이 너무 크게 다르면 암묵적인 특허 동맹

25 ▸ Google's Payments to Apple Reached $20 Billion in 2022, Antitrust Court Documents Show https://www.bloomberg.com/news/articles/2024-05-01/google-s-payments-to-apple-reached-20-billion-in-2022-cue-says

을 형성하기 어렵다. 예를 들어, 어떤 기업은 자사가 보유한 특허를 활용해서 제품을 개발하고 어떤 기업은 제품은 개발하지 않고 그 대신 특허 실시권 계약을 맺고 수입을 늘리려고 한다. 이런 경우에는 두 기업이 암묵적인 특허 동맹을 형성하기 어렵다. 동맹을 형성한다고 해도 지속할 가능성은 작다. 참여하는 기업이 많으면 국제기구나 협회처럼 명시적으로 합의해야 하므로 암묵적인 특허 동맹을 형성하기 어렵다. 지식재산권이 많고 취급하는 기술 분야가 다양할수록 관련 기업도 늘어나기 때문에 동맹을 형성하기 어렵다.

암묵적인 특허 동맹에 가입한 기업은 기술을 사실상 독점하고 시장에서 경쟁자를 배제한다. 암묵적인 동맹이 이미 형성되어 있는 분야에서도 새롭게 표준특허를 등록하거나 강력한 노하우를 가진 기업이 등장하면 새롭게 동맹에 가입할 수 있다. 암묵적인 동맹이기 때문에 공식적인 가입 절차는 없으며 자연스럽게 동맹의 효과를 누리게 된다. 암묵적인 동맹은 시장 상황에 따라 자연스럽게 형성되며 시장 상황이 변하면 자연스럽게 해소된다. 기업 방침이나 경영 환경이 변해도 자연스럽게 소멸된다. 암묵적인 동맹은 참여한 기업이 명시적인 합의를 이루는 절차가 없다. 동맹의 기능과 효력이 지속되는 기간은 한정적이다.

암묵적인 동맹을 지속하려면 참여하는 기업은 특허를 대량으로 출원하며 표준특허로 지정되기 위한 활동을 추진해야 한다. 표준특허로 지정되려면 가장 먼저 표준화 활동에 계속 참여해야 한다. 표준특허가 아니라도 기술 개발에 필수적인 특허를 보유해야 한다. 특허 독점 기간이 만료하기 전에 기술이 진화한 특허를 계속 출원한다. 특허를 많이 보유한 기업들이 각자 보유한 특허를 서로 사용할 수 있게 하는 크로스 라이선스도 있다. 크로스 라이선스의 대상이 되는 특허가 많을수록 협상에 유리하다. 타사에 지불하는 특허 로열티도 줄일 수 있다.

물질 하나로 만드는 의약품이라면 제품 하나에 사용되는 특허가 한 건인 경우도 있다. 같은 의약품이라도 분말이나 액체 혹은 정제로 제조하는 경우에는 조건이 달라지므로 필요한 특허도 달라진다. 공산품은 다르다. 스마트폰 하나에 특허 25만 개 이상이 필요한 시대다.[26] 카메라 한 대에 필요한 특허만 해도 만 건이다. 스마트폰은 부품 천 개로 구성되고 내연기관 자동차는 부품 3만 개로 구성된다. 전기 자동차는 부품

26 ▸ 스마트폰 하나에 25만 개 특허 https://www.fnnews.com/news/201711121757276071

만 개 수준이다. 제품에 필요한 모든 특허를 단일 기업이 보유할 수는 없다. 아무리 특허를 많이 보유해도 여전히 부족한 특허가 있기 마련이다. 어느 하나라도 특허가 없으면 기업은 특허 침해 소송에서 자유롭지 못하다. 한 국가나 기업에서 모든 기술을 개발하기에는 리스크가 너무 크다. 자국이 보유한 특허만으로는 제품을 만들기 어렵다. 특허를 보유하고 있는 타국과 협상해야만 한다. 원천기술을 특허로 보호해도 마찬가지다. 주변 기술 역시 특허권자가 있다. 이런 사정이니 기업끼리 서로 특허를 사용할 수 있도록 특허 풀을 만들거나 크로스 라이선스 계약을 할 수밖에 없다. 그렇지 않으면 특허 침해 소송에 걸린다.

기술을 외부에서 조달할 때 타사가 보유한 특허도 고려 대상이 될 수밖에 없다. 기업은 핵심 기술의 특허가 없더라도 주변 기술을 특허로 가지고 있으면 다른 기업과 협상할 수 있다. 핵심 기술을 특허로 가지고 있는 기업도 그것만으로 제품을 개발하기 어렵기 때문이다. 기업의 특허 경쟁에는 질과 양이 모두 포함된다. 특허 건수가 많으면 핵심 기술의 특허가 있을 확률도 높고 다른 기업과 협상하기도 유리하다. 이런 상황을 고려해서 여러 기업이 협의해서 라이선스, 크로스 라이

선스, 특허 풀 제도를 활용하는 사례도 늘고 있다.[27]

특허 풀은 여러 명의 특허 소유자가 자신의 특허를 하나의 풀에 모은 후에 라이선스를 제공한다. 특허를 한 건 이상 개방하면 개인이나 기업이나 회원 자격이 생긴다. 특허 풀은 여러 개의 특허를 하나의 라이선스로 제공하기 때문에 기술에 쉽게 접근할 수 있으며 라이선스 협상 비용을 절감하는 효과를 준다. 특허 풀을 이용하는 기업이 늘어나면 기술은 사실상의 표준이 되어 시장 확장에 기여한다. 어렵고 복잡한 기술이라도 비교적 쉽게 이용할 수 있다. 특허 풀을 이용하는 기업들은 경쟁하지 않고 암묵적으로 담합 할 수 있다. 가격 차별이나 시장 분할을 통해 경쟁을 방해할 수도 있다.

기업만이 아니라 국가도 암묵적인 특허 동맹을 맺을 수 있다. AI는 어떤 국가가 암묵적인 특허 동맹에 가입할 수 있을까? AI 혁신에서 높은 순위를 차지하는 국가일수록 유리하다. 주요 국가의 AI 혁신을 나타내는 조사는 여러 개 있다.

* 중국 과학기술 정보 연구소[ISTIC]와 베이징대학교는 <글로벌 AI 혁신

27 ▸ Eco-Patent Commons https://www3.wipo.int/wipogreen/en/news/2015/news_0001.html

지수>를 발표했다.[28] AI 관련 연구개발, 산업 응용, 국제 협력 등 다섯 항목을 기준으로 전 세계 46개국의 혁신 수준을 평가한 결과다. 2023년 1위는 미국으로 74.7점이며 2위 중국은 52.7점이다. 3위는 영국 37.9점인데 미국이나 중국에 비해 점수가 크게 낮다. 뒤를 이어 일본, 싱가포르, 한국이 위치한다.

* <글로벌 AI 지표>도 있다.[29] 62개국을 143개 요소를 사용해서 평가하는 데 주요한 요소로는 투자, 데이터, 하드웨어, 연구개발, 인재, 채용, 인프라, 운용 환경, 정부 전략이 있다. 2023년 공개한 결과를 보면 1위는 미국이다. 중국은 2위에 위치하지만 일부 요소에서는 미국을 앞선다. 정부 전략과 규제나 여론을 포함한 AI 운용 환경에서 중국은 미국보다 발전한 성과를 나타내고 있다. 인재는 미국이 더 많다. 미국의 AI 연구자는 중국보다 1.5배 더 많은데 특히 최고 수준의 AI 연구자는 중국보다 5배 더 많다. 중국의 AI 연구자는 미국보다 1.5배 더 많은 논문을 발표한다. 하지만 미국의 논문은 중국의 논문보다 평균 70퍼센트 더 많이 인용된다. 미국과 비교하면 중국의 AI 생태계는 질보다 양을 중시한다고 평가할 수 있다.
* 세계 각국의 AI 수준을 30개 요소로 평가한 보고서도 있다.[30] 요소

28 ▸ China Is No. 2 for Global AI Innovation for Fourth Straight Year, Study Shows https://www.yicaiglobal.com/news/china-is-no-2-in-global-ai-innovation-index-for-fourth-year

29 ▸ The Global AI Index https://www.tortoisemedia.com/intelligence/global-ai/

30 ▸ Center for Data Innovation https://datainnovation.org/category/issue/artificial-intelligence/

에는 최고 수준의 AI 연구자 숫자, 연구의 피인용수, 인용된 특허 수, 연구개발 예산, AI 벤처, 벤처 캐피털, 반도체 공장을 포함한다. 2021년에는 1위가 미국이다. 하지만 데이터와 응용에서는 중국이 1위로 미국을 앞선다.

* <글로벌 AI 인덱스>는 AI 투자, 혁신, 실천을 측정하고 국가별로 순위를 발표한다.[31] 2024년 공개한 결과를 보면 미국은 투자, 혁신, 실천에서 모두 1위다. 2위 중국은 미국의 53퍼센트 수준이다. 뒤를 이어 싱가포르, 영국, 프랑스, 한국, 독일, 캐나다, 이스라엘이 위치한다.

□ 암묵적인 특허 동맹에 가입하기 유리한 국가는?
□ 암묵적인 특허 동맹이 노리는 목표는 무엇인가?
□ 암묵적인 특허 동맹에서 스스로 탈퇴하는 경우도 있나?
□ 경쟁자와 암묵적인 특허 동맹을 맺을 수 있나?
□ 기업이 적절한 숫자보다 더 많이 특허를 출원하는 이유는?

31 ▸ The Global AI Index 2024 https://www.tortoisemedia.com/data/global-ai

4. 특허를 이용해서 생태계를 확장한다

특허는 생태계 확장을 위한 도구로 사용할 수 있다. 구글의 트랜스포머 특허는 좋은 사례다. 2017년 구글 브레인은 새로운 신경망 구조에 관한 논문을 발표했다.[32] 순환 신경망RNN의 한계를 극복한 기술이다. 트랜스포머 기술로 인해 기계 번역과 텍스트 생성에서 큰 진화가 이루어졌다.

구글은 이 기술을 특허로 등록했다. 특허를 이용하면 라이선스 수익, AI 모델을 이용한 제품과 서비스 수익, 경쟁자와 크로스 라이선스 계약을 통한 수익을 기대할 수 있다. 하지만 구글은 특허권을 독점하지 않았다. 구글은 텐서플로우 라이브러리를 통해서 트랜스포머를 구현하는 소스 코드를 공개했다. 특허를 독점하는 대신 AI 생태계 확장 전략을 펼쳤다.

구글은 개발자들에게 커뮤니티 참여를 장려했다. 로열티가 없는 라이선스를 제공하거나 비강제 약속을 통해 다른 기업이 자유롭게 기술을 사용하게 했다. 그 결과, 경쟁자인 오픈AI와 메타까지 트랜스포머 특허를 사용하게 되었다. 오픈

32 ▸ Attention Is All You Need https://doi.org/10.48550/arXiv.1706.03762

AI의 챗GPT는 트랜스포머의 디코더-온리 변형을 사용했다. 이는 구글의 검색 엔진, 클라우드 서비스, 구글 워크스페이스에 반영되어 구글의 시장 지배력을 강화했다. 엔비디아의 GPU 생태계나 허깅페이스와 같은 오픈 소스 플랫폼과도 연계되어 수백만 명의 개발자가 참여하는 AI 커뮤니티를 형성했다. 트랜스포머 특허는 다양한 언어 모델에 사용되었으며 그 결과 AI 생태계는 크게 확장되었다. 구글은 자사의 기술을 사실상의 표준으로 만들었다.

구글은 트랜스포머 특허를 오픈 소스로 개방했기 때문에 특허로 인해 직접 만들 수 있는 수익은 적다. 하지만 AI 생태계를 확장해서 얻은 가치는 매우 크다. 구글은 경쟁자와 협력을 강화하고 표준화 작업을 주도한다. 특허를 도구로 사용해서 생태계 확장을 이룬 사례다.

기술과 시장에 더해서 이를 받아들이는 사회까지 모든 요소를 합해 생태계라고 한다. 원래 의미는 자연계를 대상으로 하며 생물이 서로 의존하면서 상호작용하는 조화로운 환경을 말한다. 이 용어가 가진 의미를 그대로 기술과 시장에 적용할 수 있다. 기술과 시장이 상호작용하며 수익 구조를 만들어 사회에 보급한다.

- □ 당신의 특허를 경쟁자에게 제공할 수 있나?
- □ 생태계 확장은 왜 중요한가?
- □ 당신이 참여하는 커뮤니티가 있는가?
- □ 당신이 속한 산업에서 사실상의 표준은 무엇인가?
- □ 특허로 인한 직접 수익과 간접 수익은 어느 쪽이 더 중요한가?

표준특허로 시장을 확장한다

1. 사실상의 표준을 노린다

기술은 제품에 사용되고 제품은 시장에서 판매된다. 하나의 기술이 하나의 제품만이 아니라 여러 제품에 사용될수록 커다란 시장을 만들 수 있다. 시장이 확장될수록 사용자의 요구 수준이 높아지고 이에 대응하기 위해서 더욱 진화한 기술이 필요하다. 기술은 탄생한 시점에는 불완전한 수준이지만 제품에 사용되고 시장에서 판매되면 본격적으로 진화가 시작된다. 이 과정에 반드시 필요한 요소가 바로 표준이다.

지난 천 년 동안 가장 도움이 되는 도구는 무엇일까? 나사와 나사돌리개는 강력한 후보다.[33] 나사는 나사, 볼트, 너트 등 유사한 제품을 모두 일컫는 용어다. 기술 수명은 제품에 달려 있다. 제품에 사용되면 살아남지만 제품에 사용되지 않으면 기술은 사라진다. 나사는 기원전 3세기에 아르키메데스가 발명한 이래 계속 제품에 사용되고 있다. 나사가 없으면 자동차도 못 만들고 비행기도 못 만든다. 나사가 이렇게 오랫동안 수명을 이어 가면서 기술 진화를 이룰 수 있었던 이유는 산업화 시기에 표준을 정했기 때문이다.

1800년 영국의 헨리 모즐리는 제조와 판매를 수월하게 하려고 나사의 크기와 피치에 따라 몇 종류의 나사 모델을 지정했다. 일종의 공장 내부 표준인 셈이다. 당시에는 공장 내부에서조차 나사의 호환성이 없었다. 1840년대가 되면서 영국의 각 공장에서는 나름대로 공장만의 표준을 가지게 되었다. 어디까지나 그 공장에서만 통용되는 표준이었고 다른 공장에서 제조한 나사와는 호환성이 없었다.

나사 국제표준이 나오게 된 배경에는 미국의 대량 생산 방식이 있다. 1864년 윌리엄 셀러는 나사산 각도를 60도로 단

33 ▸ Witold Rybczynski, One Good Turn: A Natural History of the Screwdriver and the Screw, Scribner, 2001.

순화시켰다.[34] 만들기도 편하고 검사하기도 편하기 때문이다. 셀러가 제안한 나사는 미국 표준이 되었으며 가장 먼저 미국 해군이 채용했다. 그 후 1894년 프랑스에서 표준으로 채용했다. 1898년 프랑스, 독일, 스위스는 SI나사라고 불리는 국제규격을 채택했다. 표준이 보급된 계기는 전쟁이다. 1917년 미국은 제1차 세계대전에 참전하고 1918년 전미나사위원회를 설치했다. 전쟁터에서 무기 수리가 필요하면 표준 나사를 사용해 바로 수리할 수 있도록 위원회는 표준을 강요했다.[35]

1934년 헨리 필립스는 플러스 나사를 발명하고 특허 등록했다.[36] 현재 전 세계에서 사용되는 나사의 90퍼센트는 플러스 나사다. 2008년 미치와키 히로시는 L/R 나사를 발명하고 특허 등록했다.[37] 왼쪽과 오른쪽으로 너트를 두 개 끼우고 하나는 왼쪽으로 돌리고 다른 하나는 오른쪽으로 돌리는 방식이다. 이렇게 하면 너트가 풀어지는 일이 없다는 이유로 미국

34 ▸ William Sellers https://en.wikipedia.org/wiki/William_Sellers

35 ▸ 橋本毅彦, ものづくりの科学史 – 世界を変えた標準革命, 講談社, 2013.

36 ▸ Means for uniting a screw with a driver https://patents.google.com/patent/US2046837A/en

37 ▸ Double-end threaded body and internally-threaded body https://patents.google.com/patent/US10125808B2/en?oq=US10125808B2

NASA에서 우주선에 사용한다. 나사 기술은 천 년 이상 진화를 계속하고 있다.

표준이 없으면 어떤 일이 벌어질까? 1904년 미국 볼티모어에서 화재가 발생했다. 대형 화재가 아니었는데도 진압에 30시간이나 걸렸다. 근처 도시에서 소방대가 소화 도구를 챙겨서 달려왔지만 소화전을 사용할 수 없었기 때문이다. 소화 호스와 소화전의 규격이 도시마다 서로 달라서다. 화재를 계기로 미국 표준국에서 전국의 소화전과 소화 호스 규격을 조사했더니 크기와 형상이 다른 규격이 600가지 이상 있었다. 그러니 다른 도시에 가면 소화 호스를 사용할 수가 없었다. 볼티모어 화재 이후 미국 표준국에서는 표준을 정했다. 하지만 20년이 지난 1924년에도 표준을 따르는 소방 호스를 갖춘 도시는 전체의 10퍼센트 미만이었다.[38] 표준을 만들어도 금방 보급되지는 않는다는 의미다.

표준을 사용해서 얻는 이익이 커야만 표준이 보급된다. 또는 표준을 사용하지 않으면 감수해야 하는 손해가 커야만 표

38 ▸ Martha Lampland and Susan Leigh Star, <Standards and Their Stories: How Quantifying, Classifying, and Formalizing Practices Shape Everyday Life>, Cornell University Press, 2008.

준이 보급된다. 근처 도시에 화재 진압하러 가서 불을 끄지 못하면 주민에게는 커다란 손해다. 주민이 소방대에 표준을 사용하라고 압력을 가하면 소방대는 표준을 사용한다.

표준이 무엇인지 모를 수는 있어도 표준이 없는 생활은 상상하기 어렵다. 스마트폰을 충전하려고 하는데 규격이 다른 케이블이 수백 종류라면 무엇을 구매해야 할지 결정하기 어렵다. 표준을 사용하지 않으면 고객에게 너무 큰 불편과 손해가 생긴다. 그래서 스마트폰 제조기업에 표준을 사용하라고 요구한다. 만약 표준을 사용하지 않는다면 제품을 구매하지 않는다.

예를 들어, USB-C 타입은 2014년 개발된 범용 커넥터 표준이다.[39] 다양한 기술적 특징 외에도 플러그 디자인이 가역적이라 어느 방향으로든 사용할 수 있다. 스마트폰, 노트북, 태블릿을 포함한 다양한 기기에서 충전하거나 연결할 때 호환성이 높다. EU는 공통 충전기 지침을 만들고 2024년부터 유럽에서 휴대용 전자기기에 USB-C 포트와 USB 충전을 의무로 했다.[40] 하나의 표준 충전기만 있으면 다양한 기기에서

39 ▸ USB Implementers Forum(USB-IF) https://www.usb.org/about

40 ▸ One common charging solution for all https://single-market-economy.ec.europa.eu/sectors/electrical-and-electronic-

사용할 수 있다. 애플은 처음에는 자사의 커넥터를 사용했다. 하지만 EU의 압력을 이기지 못하고 2023년부터 USB-C 포트를 채택했다.

표준이 정해지면 그때부터 모든 제품은 호환성을 가진다. 예를 들어, 스마트폰에 사용되는 안드로이드 프로그램도 처음에는 수준이 낮고 사용하기 불편했다. 하지만 많은 기업에서 안드로이드를 표준으로 따르기 때문에 고객은 어느 기업의 스마트폰을 사더라도 바로 문자를 보내거나 전화를 걸 수 있다. 많은 고객이 안드로이드 기술을 사용하면서 시장이 확장되었고 기술은 점점 높은 수준으로 진화하고 있다.

표준은 많은 사람이 기술을 사용할 수 있도록 작성한 문서다. 표준은 문서로 작성되므로 저작권의 보호를 받는다. 고객은 비용을 지불하고 표준 문서를 구입한다. 표준은 많은 사람이 사용하고 경쟁을 촉진해서 결과적으로 시장을 확장한다. PC나 자동차 산업을 보면 표준의 효과가 명확하다. PC는 모듈을 구입해서 조립하면 완성된다. 자동차는 단위 시스템을 모듈로 만든다. 이때 PC나 자동차의 인터페이스를 표준으로

engineering-industries-eei/radio-equipment-directive-red/one-common-charging-solution-all_en

정한다. 표준이 있기 때문에 PC, 자동차, 공작기계, 반도체, 스마트폰과 같은 시장이 확장되었다.

표준을 사용하는 기간은 정해져 있지 않다. 개정판이 나올 때까지 사용한다. 시장에서 표준이 아닌 제품은 판매하기 어렵다. 스마트폰을 충전할 때 사용하는 케이블이 표준이 아니면 충전할 수 없다. 표준이 정해지면 표준이 아닌 기술은 시장에 진입하지 못한다. 표준이 된 기술은 다른 기술과의 경쟁에서 이기고 시장을 독점한다. 표준이 정해지면 다른 기업은 표준과 호환되는 제품을 만들어야 한다. 호환성이 없으면 사용에 제약이 크기 때문에 시장에서 외면당한다. 아무리 좋은 제품과 서비스라도 품질, 안전성, 호환성, 시험 평가 방법을 표준으로 정하지 않으면 시장 확장은 기대하기 어렵다. 제품과 서비스에 호환성이 없으면 사용과 보급이 거의 불가능하기 때문이다.

표준에는 두 가지 종류가 있다. 공적 기관이 제정한 데쥬레 표준de jure과 시장에서 정해지는 사실상의 표준인 디팩트 표준de facto이다. 데쥬레 표준은 공적 기관이 책임을 지고 안전한 기준으로 제정한 표준이며 대부분 권고사항이다. 국제 표준을 정하는 과정에서 가장 중요한 요소는 표준에 참여하는 회원국의 합의다. 시장을 지배하는 기업이 표준을 정하기도 한다. 그러므로 표준을 가장 좋은 기술이라고 말하기는 애매하다. 반드시 그 시대의 가장 좋은 기술이 아니라도 표준이 될 수 있다는 의미다. 표준을 선점하기 위해서 기업이나 국가가 경쟁하는 이유다.

디팩트 표준은 사실상의 표준이며 많은 곳에서 사용하지만 엄격하게 제정되지는 않는다. 사실상의 표준은 시장에서 자연스럽게 만들어진다. 시장에서 사실상의 표준이 되면 제품 개발과 시장 확장에서 주도권을 가질 수 있다. 제품이나 서비스에 기준이 되는 표준은 시장 확대에 가장 중요한 무기가 된다.

사실상의 표준을 정하는 방식은 폴리아 항아리 모델Pólya urn model로 설명할 수 있다. 속을 볼 수 없는 항아리에 몇 가지 색깔의 구슬이 들어 있다. 항아리에 손을 넣어 구슬을 하나 꺼내 색깔을 본 후에 항아리에 다시 넣는다. 만약 파란색 구슬이라면 또 하나의 파란색 구슬을 항아리에 추가로 넣는다. 항아리에는 파란색 구슬이 하나 늘어났다. 이 작업을 무한 반복하면 나중에 항아리에는 거의 파란색 구슬만 가득하게 된다. 어느 색깔이 항아리를 지배할지는 가장 처음에 어느 색깔 구슬을 꺼냈는가에 달려 있다. 이를 경로 의존성이라고 한다.[41] 하나의 경로에 의존하기 시작하면 벗어나지 못한다는 개념이다. 경로가 비효율적이라는 사실을 알아도 어쩔 수 없다. 특정 기업이 개발한 기술이 표준이 되면 다른 기업은 모두 이 표준을 따를 수밖에 없다.

사실상의 표준의 좋은 사례는 인터넷이다. 인터넷의 출발점은 1969년 미국 국방성 고등연구계획국ARPA이 개발한 컴퓨터 네트워킹 기술인 아파넷ARPAnet이다. 아파넷 기술을 외부에 공개하자 사용자들이 많은 의견을 내고 그에 맞추어 기능을 개선했다. 그 결과물인 TCP/IP는 전 세계 네트워크를 연결하는 인터넷의 핵심 프로토콜이 되었다. 1983년 사실상의 표준이 된 TCP/IP 방식은 국제기관이나 특정 국가의 정부가 강제한 표준이 아니다.

인터넷은 1960년대에 미국에서 탄생한 군사기술이다. 초기 인터넷은 대학과 연구소를 중심으로 보급되었다. 기술은 계속 진화했지만 1990년대 이후에야 비로소 제품이 다양하게

41 ▸ Paul David. Path Dependence: A Foundational Concept for Historical Social Science. J. Historical Economics and Econometric History. 1. 91-114. 2007 DOI: 10.1007/s11698-006-0005-x

개발되었다. 1994년 아마존을 시작으로 야후, 구글, 네이버 등 인터넷 기술을 사용해서 새로운 제품을 개발한 기업이 속속 등장했다. 처음엔 기업마다 각자 제품을 개발했기에 호환성이 없다가 시간이 지나면서 서로 호환되기 시작했다. 아마존에서 검색한 결과를 구글에서 그대로 사용하는 식이다. 모든 기업이 표준을 따르면서 제품에 호환성이 생기면서 커다란 생태계가 만들어졌다. 표준이 있어야 생태계는 확장된다.

특허가 시장에서 사실상의 표준이 되면 제품 개발과 시장 확장에서 주도권을 가질 수 있다. 아무리 좋은 제품과 서비스라도 표준을 따르지 않으면 시장 진입조차 어렵다. 다른 기업의 제품과 서비스에 호환성이 없으면 사용하기 불편하기 때문이다. AI를 활용한 제품과 서비스에는 아직 표준이 없는 경우가 대부분이다. AI 특허를 활용하는 제품이 시장을 과점한다면 이런 특허는 사실상의 표준이 된다.

특정한 기술 분야에서 특허의 양이 매우 많고 점유율이 높으면 사실상의 표준이 될 수 있을까? AI 전체 기술이라면 어느 한 기업이 특허를 과점하기 어렵지만 아주 좁은 분야라면 한 기업이나 소수의 기업이 특허의 양을 과점할 수 있다. 특허의 양이 너무 많아서 누구라도 특허를 피할 수 없다면 사실상의 표준이 될 수 있다. 하지만 대체 기술이 등장하면 좁은 기술 분야는 그 자체가 시장에서 사라질 수 있다. 특허의 양을 늘려서 좁은 기술 분야에서 사실상의 표준이 되어도 의미가 없다. 표준은 시장에서 경제적인 가치를 만들어야 의미가 있다.

기술은 성장기에 급속히 진화하다가 성장이 둔화하는 성숙기에 접어든다. 표준을 정하는 최적의 타이밍은 기술이 성숙기에 들어서는 순간이다. 발명한 시점에는 아직 어떤 기술인지 모르니까 표준을 정할 수 없다. 성장기에 표준을 정하면 표준이 기술을 고정하므로 기술 진화에 장애가 될 수 있다. 다른 표준과의 조정도 어렵다. 그렇다고 기술이 성숙기를 지나 너무 늦게 표준이 되면 기술이 난립하고 호환성이 없어 시장에 혼란이 온다. 여기에 어려움이 있다. 표준을 너무 빨리 정해서 생기는 손실과 표준을 정하지 않아서 생기는 손실의 조화가 중요하다.

- □ 호환성이 왜 중요한가?
- □ 사실상의 표준은 어떻게 만들어지는가?
- □ 표준은 어떻게 생태계를 확장시키나?
- □ 호환성이 없는 제품은 시장에 진입할 수 없나?
- □ 사실상의 표준이 된다면 다음 단계로는 무엇을 하나?

2. 국제표준특허는 최강의 무기다

국제표준은 기업이나 국가가 기술에서 우위에 서고 시장에 진입하기 위해 반드시 필요하다. 국제표준은 개념이나 용어를 정의하고 시스템 프레임을 정의한다. 국제표준이 생기면 호환성이 담보되며 기술을 산업에 응용해서 산업 발전을 촉진한다. 국제표준이 세계 시장을 여는 열쇠인 만큼 주요 국가는 자국의 기술을 국제표준으로 만들려고 노력한다.[42] AI는 모든 주요 국가의 최우선 과제이기 때문에 국제표준을 제정하려면 이해관계를 조정하기 어렵다. AI 국제표준은 앞으로 AI 활용을 위한 표준과 AI 윤리와 신뢰를 위한 표준을 두 개의 축으로 제정될 전망이다. AI를 활용한 제품과 서비스에는 아직 표준이 없는 경우가 대부분이다. 국제표준특허도 충분하지 않다.

국제표준에는 반드시 표준필수특허[SEP]가 포함된다. 표준필수특허는 기술 표준을 구현하려면 반드시 사용해야 하는 특허다. 예를 들어, 5G 통신이나 블루투스처럼 국제표준으로

42 ▸ 한국정보통신기술협회, 글로벌 시대의 인공지능 표준화 분석보고서, 2023. 12.

채택된 기술을 사용하려면 표준필수특허를 사용해야 한다. 표준 문서의 규격을 기술로 구현하는 과정에서 표준필수특허를 침해하지 않고서는 기술을 구현할 수 없다.[43] 국제표준을 따르는 기업은 표준필수특허를 사용할 수밖에 없기 때문에 특허권자에게 로열티를 지불해야 한다. 표준필수특허는 특허를 피하기가 거의 불가능할 정도로 강력하다.

표준필수특허가 되려면 먼저 국제표준에 집중해야 한다. AI 표준은 많은 국제표준기관과 비영리단체가 표준을 작성하고 있다. 예를 들어, 미국전기전자기술자협회IEEE는 AI 표준위원회를 중심으로 자율기술과 AI 윤리를 주로 다루고 있다.[44] 국제전기통신연합ITU-T은 클라우드 컴퓨팅, 통신 네트워크, 멀티미디어 등을 주로 다루고 있다.

국제표준을 만드는 대표적인 기관은 국제표준화기구ISO와 국제전기기술위원회IEC다. ISO와 IEC는 공동으로 ISO/IEC 42001 〈AI 경영시스템〉을 작성해서 배포한다. AI 관리 시스

43 ▸ 국가기술표준원, 표준특허의 정의 https://www.kats.go.kr/content.do?cmsid=285

44 ▸ The IEEE Global Initiative on Ethics of Autonomous and Intelligent Systems https://standards.ieee.org/industry-connections/ec/autonomous-systems/

템을 조직 내에서 구축, 구현, 유지 관리, 개선하기 위한 요구 사항을 명시한 국제표준이다.[45] 표준을 적용할 수 있는 범위는 AI 제품과 서비스를 개발하거나 사용하는 조직과 산업이다. 표준에서는 조직에서 AI를 효율적으로 활용하기 위한 윤리적인 고려 사항, 투명성, 지속적인 학습과 같은 주제를 다룬다. 구체적으로는 데이터 사용 방법 및 이점, 위험 및 기회 관리 프레임, AI의 책임 있는 사용 입증, 추적 가능성, 투명성 및 신뢰성, 비용 절감 및 효율성 향상이라는 주제를 포함한다.

두 기관의 공동 기술위원회 ISO/IEC JTC1은 소위원회인 SC 42에 AI 기술을 집약시켰다.[46] 공통 프레임, 용어, AI 시스템의 계산 방식과 아키텍처, 위협과 리스크 평가 등 다양한 주제를 다루며 유스 케이스도 개발하고 있다. 구체적으로는 다음과 같은 주제가 있다.

* AI 개념 및 용어: AI 기술 및 서비스에 활용되는 용어와 개념
* 기계학습 프레임워크: AI 서비스를 지원하기 위해 필요한 기능, 요구 사항, 참조 구조

45 ▸ ISO/IEC 42001:2023 Information technology – Artificial intelligence – Management system https://www.iso.org/standard/81230.html

46 ▸ ISO/IEC JTC 1/SC 42 Artificial intelligence https://www.iso.org/committee/6794475.html

* AI 위험 관리 체계: AI 기술과 서비스를 개발하고 도입할 때 발생 가능한 위험 요소를 관리하기 위한 지침
* AI 윤리 및 사회의 관심: AI 시스템이 준수해야 하는 윤리에 대한 가이드 라인
* 신경망 표현 포맷: 멀티미디어 기반의 심층학습 모델의 효과적인 압축을 위한 AI 신경망 압축 및 표현 기술
* 기계학습 기반의 특징 정보 부호화: 스마트시티에 필요한 AI 기반의 영상 특징 정보를 효율적으로 부호화하는 기술
* AI 경량 소프트웨어 프레임: AI 서비스를 지원하기 위해 단말기에서 제공하는 AI 경량 소프트웨어 기능 및 참조구조
* 실시간 동시통역: 연속적인 자유 발화를 실시간 동시통역하는 기술

국제표준을 만드는 조직은 두 개의 축으로 나누어 구분할 수 있다. 하나의 축은 표준화 과정의 개방성과 폐쇄성을 기준으로 한다. 또 하나의 축은 국가 단위와 개인 단위를 기준으로 한다. 두 개의 축을 사용해서 국제표준을 만드는 조직을 여덟 개로 구분한다.[47]

47 ▸ 田中正躬, 〈国際標準の考え方: グローバル時代への新しい指針〉, 東京大学出版会, 2017.

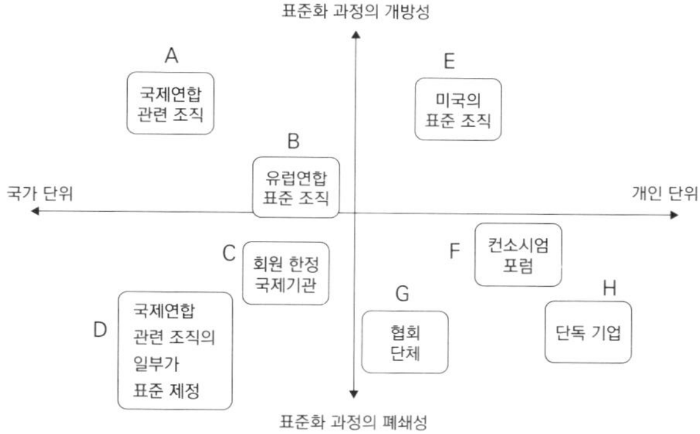

국제표준을 제정하는 조직

* A 국제연합 관련 조직: ISO(종합), IEC(전기전자), ITU(통신), BIPM(계량 표준)
* B 유럽연합 표준 조직: CIE(조명), ICC(곡물), ICRP(전파방해), OIV(와인), IDF(낙농품), IFLA(도서관), IOOC(올리브유), IIW(용접), UIC(철도)
* C 회원 한정 국제기관: UNECE(유럽의 국제연합 조직), IAEA(원자력), OECD(석유)
* D 국제연합 관련 조직의 일부가 표준 제정: WHO(보건건강), FAO(식료), Codex(식품), ILO(노동), IMO(해상), ICAO(항공)
* E 미국의 표준 조직: ASTM(종합), ASME(압력용기), UL(전기제품), IEEE(정보통신), API(석유). 미국에는 개인이 가입자격을 가진

ASTM과 같은 비영리 조직이 600개 이상 있다.[48] 미국은 산업 분야별 표준 조직의 90%는 민간이 주도하며 자발적으로 표준을 만든다. 미국 표준은 민간 표준을 사용하는 등 유연하게 움직인다.

* F 컨소시엄이나 포럼: IETF/W3C(인터넷), OASIS/ECMA/MPEG/Bluetooth(정보통신), OMA/UMTS(휴대전화), SEMI(반도체), HL7(의료), Unicode(폰트와 문자) IETF와 W3C는 개인이나 기업이 회원이며 국가를 대표하는 조직은 회원이 아니다.
* G 협회나 단체: FSC/SFI/PEFC(삼림), FLO/4C(커피), MSC(어업), WRC/GAP(노동과 인권)
* H 단독 기업: MS(윈도우), 어도비(PDF), 구글(안드로이드), 애플(iOS), 돌비(음성)

☐ 세계 시장에 진입하려면 왜 국제표준이 필요한가?

☐ 국제표준특허가 되려면 어떤 절차가 필요한가?

☐ 미국에는 왜 표준을 만드는 민간 조직이 많은가?

☐ 단독 기업이 만든 국제표준으로 어떤 것이 있나?

☐ AI 국제표준으로는 어떤 것이 있나?

48 ▸ Technology, Standards and Today's SDOs https://www.astm.org/news/technology-standards-and-todays-sdos

3. 개방 전략과 독점 전략을 섞는다

기술과 특허에 대해선 항상 개방파와 독점파의 의견이 대립한다. 특허에서 발명자의 권한을 20년간 독점적으로 보호해 주는 방식은 카피라이트copy right라고 하며 발명을 개방하는 방식은 카피레프트copy left라고 한다. 프로그램을 개방하는 오픈소스가 카피레프트의 대표적 사례다. 자국 기업을 보호하려는 국가는 선례를 남기지 않기 위해 카피레프트에 반대한다. 인권이나 경제를 이유로 독점을 인정하지 않는다면 기업이 뭐 하러 굳이 돈을 들여 기술을 개발하겠냐고 반문한다. 기업은 특허로 매출을 만들 수 있는 기간은 길지 않다고 주장한다. 시장이 형성되는 초기에는 매출이 가장 높고 영업 이익률도 높다. 하지만 시간이 흘러 시장에 많은 기업이 참여하면 제품 가격이 하락하고 매출이 줄어들며 영업 이익률은 낮아진다.

개방과 독점의 특징은 국제표준에서 드러난다. 표준특허로 지정되면 국제표준화기구에서 규정한 FRAND 조항을 따를 의무가 있다.[49] 표준특허의 사용은 공정하고 합리적이며

49 ▸ 합리적이고 차별 없는 허가 https://en.wikipedia.org/wiki/Reasonable_and_non-discriminatory_licensing

비차별적이어야 한다는 조항이다. 국제표준으로 지정된 표준특허는 경쟁기업에도 라이선스를 부여할 의무가 있다. 표준특허의 권리를 보유한 기업은 실시를 원하는 기업을 차별하지 않고 타당한 조건으로 승낙해야 한다. 누구나 표준특허를 차별 없이 실시할 수 있어야만 국제표준을 보급할 수 있다. 다양한 제품과 서비스를 호환할 수 있으면 시장이 확대된다. 하지만 권리를 보유한 기업의 관점에서 보면 FRAND 조항에는 문제가 있다. 누구에게나 차별 없이 실시를 승낙해야 하므로 독점에 의한 수익을 만들기 어렵다.

이런 이유로 필수적인 특허를 보유한 기업은 개방 전략과 독점 전략을 동시에 추구한다. 개방 전략은 일부 특허가 표준특허로 지정되도록 지원하는 전략이다. 표준특허와는 별개로 필수적인 특허나 노하우를 진입장벽으로 활용한다. 국제표준화기구에서 제정한 표준화 문서에는 기재되지 않는 필수 기술이 존재하는 경우가 많다. 최첨단 기술을 집결한 제품이나 시스템이라면 모든 기술을 완벽하게 명기한 표준화는 만들기 어렵다. 현실적으로는 반드시 필요하지만 표준에서는 제외된 기술이 존재할 가능성이 크다. 국제표준을 주도하는 기업은 이러한 영역을 의도적으로 만든다.

개방 전략으로 공개된 표준화 문서만으로는 실제로 제품

을 만들거나 서비스를 개발하기 어려운 경우가 대부분이다. 예를 들어, 표준화 문서에서 특정 파라미터의 범위를 1에서 5까지라고 규정한다면 언제 어떤 수치를 적용해야 할지 해석하기 어렵다. 구체적인 수치를 해석하려면 표준특허를 보유한 기업의 노하우나 표준으로 지정되지 않은 특허를 활용해야 한다. 이때 노하우나 표준으로 지정되지 않은 특허를 기업 내부에 보유하는 전략이 바로 독점 전략이다. 필수적인 특허나 노하우를 가진 소수의 기업이 암묵의 동맹을 형성한다면 시장을 독과점하기 수월하다. 특허와 노하우는 동맹에 속한 기업들이 협업하지 않으면 만들 수 없는 내용도 있다. 예를 들어, 통신장비를 상호 접속하는 경우에는 타사와 협업을 해야만 노하우가 생긴다.

독점 전략의 대상이 되는 노하우와 특허는 경쟁기업에 공개하지 않으며 실시 승낙도 하지 않는다. 개방 전략이 기술을 공개하고 시장을 확대하는 전략이라면 독점 전략은 기술을 은폐하고 진입장벽을 구축하는 전략이다. 원론적으로 말하면, 개방 전략으로 기술 사양을 주도하면서 독점 전략으로 수익을 낸다.

□ 어떤 기술을 개방하면 좋은가?

□ 어떤 기술을 독점하면 좋은가?

□ 개방과 독점을 동시에 실행할 수 있는가?

□ 노하우를 개방하면 어떤 효과가 있나?

□ 경쟁자와 노하우를 공유할 수 있나?

4. 약한 특허를 강한 특허로 바꾼다

특허에는 약한 특허와 강한 특허가 있다. 약한 특허는 경제적인 가치를 만들지 못하는 특허다. 약한 특허는 권리 범위가 좁아 경영의 무기로 사용하기도 어렵다. 약한 특허를 유지하기 위해 연차등록료를 납부해도 경영에 도움을 주지 못하므로 등록을 포기한다. 기회가 생기면 특허권을 외부에 판매한다. 약한 특허가 생기는 이유 중에 성과지표가 있다. 연구개발의 성과를 나타내는 지표에는 대부분 특허 출원이 포함된다. 연구개발의 성과를 과시하려고 약한 특허를 출원하고 특허의 양만 늘리는 경우가 흔하다. 약한 특허는 경제적인 가치를 만들지 못하며 경쟁자가 소송을 제기하면 쉽게 무효가 된다.

강한 특허는 매출 증가나 원가 절감처럼 경영 성과에 직접 기여한다. 특허 침해에 관한 분쟁에 대응할 수 있으며 기술이전처럼 다양한 방식으로 경영의 무기로 활용할 수 있다. 강한 특허에서 새로운 강한 특허가 계속 이어지면 경제적인 가치를 점점 크게 만들 수 있다. 강한 특허는 경쟁자의 시장 진입을 막거나 지연시킨다.

강한 특허의 좋은 사례로 QR코드 특허가 있다. 특허권자는 일본 기업인 덴소다. QR코드는 2015년 국제표준이 되었다.[50] 구체적으로는 QR코드의 기호 특성, 데이터 문자 인코딩 방법, 기호 형식, 치수 특성, 오류 수정 규칙, 참조 디코딩 알고리즘, 생산 품질 요구 사항, 사용자가 선택할 수 있는 애플리케이션 매개변수를 포함한다. 덴소는 표준특허를 공개하고 QR코드를 해독하는 카드리더를 제품으로 개발했다. QR코드는 일본산업규격JIS이나 국제표준화기구ISO 규격을 준수하면 누구나 자유롭게 사용할 수 있다.[51]

50 ‣ ISO/IEC 18004:2015 Information technology — Automatic identification and data capture techniques — QR Code bar code symbology specification https://www.iso.org/standard/62021.html

51 ‣ Patents pertaining to the QR Code https://www.qrcode.com/en/patent.html

약한 특허를 강한 특허로 만들려면 참고할 기준이 있다.

청구범위를 최대한 넓게 작성한다.

약한 특허는 선행기술에 약간의 변화를 주는 정도에 그치기 때문에 청구범위가 매우 좁고 세부적이다. 약한 특허는 경쟁자가 특허를 침해하지 않고도 쉽게 우회할 수 있다. 강한 특허는 발명의 본질을 포괄적으로 보호하기 위해 청구범위에 상위 개념을 적용해서 최소한의 구성 요소만 포함한다. 청구항에는 새로운 구성과 같은 발명의 핵심 요소를 중심으로 기재한다. 구성 요소를 불필요하게 한정하거나 세부 요소를 기재하지 않는다.

청구범위를 강력하게 만들기 위해 분할출원하는 방법도 있다. 발명을 하나의 특허로 등록하기보다 몇 개로 나누어서 분할출원하면 청구범위를 촘촘하게 할 수 있으므로 특허권을 행사하기에 유리하다.

명세서에 다양한 실시예를 제시한다.

강한 특허는 다양한 실시예를 제시하고 권리 범위를 넓게 한다. 명세서에 다양한 실시예를 기재하면 분할출원과 청구범위 확보에 유리하다. 특허 침해에 대응하기도 유리하다.

선행기술보다 더 큰 효과를 만들 수 있다는 점을 강조한다. 명세서에 설명을 충분하게 기재하지 않으면 특허 등록한 이후에 무효 소송을 당할 수 있다.

특허와 경영을 연결한다.

특허의 가치는 연구 성과를 나타내는 지표가 아니라 매출 증가나 원가 절감과 같은 경영 성과로 나타나야 한다. 특허와 경영을 연결하기 위해 특허가 속한 기술 분야의 시장 동향을 계속 추적한다. 특허를 경영에 활용하는 시나리오를 다양하게 마련한다. 기존 사업과 시너지 효과를 기대한다면 기술 사업화를 직접 진행한다. 다른 기업에 기술을 이전해서 생태계를 확장할 수도 있다. 경영 관점에서 특허의 가치를 산정한다. 기업에서는 매출이 증가하거나 원가가 감소하는 결과를 특허의 가치라고 할 수 있다. 원하는 결과를 실현하는 특허는 가치가 높다고 평가한다. 특허의 가치는 금액으로 산정할 수 있다. 산정하는 방법으로 시장 접근법, 수익 접근법, 비용 접근법을 사용한다.

지식재산 포트폴리오를 갱신한다.

1차 IP와 2차 IP를 포함해서 지식재산을 어떻게 구성할지 포트폴리오를 정기적으로 갱신한다. 기업 내외의 환경 변화에 맞추어 특허의 용도를 바꾼다. 포트폴리오는 방어와 공격이라는 목적에 따라 구성된다. 방어에서는 경쟁자의 특허 공격을 막기 위한 방패 역할이 가장 중요하다. 핵심 기술을 방어하는 목적으로 소수의 특허를 중심으로 포트폴리오를 유지한다. 핵심 기술에 관한 특허가 몇 건이라도 있으면 경쟁자와 크로스 라이선스 계약을 하고 특허 침해 소송을 서로 예방할 수 있다. 핵심 기술이 반드시 첨단 기술을 의미하지는 않는다. 예를 들어, 나사의 개념은 기원전 3세기경 고대 그리스에서 아르키메데스가 발명했다. 하지만 지금도 우주선을 만들려면 나사 기술이 필요하다.

공격에서는 시장 점유율을 늘리고 진입장벽을 쌓기 위해 수십 건 이상의 특허가 필요하다. 특허를 포함한 지식재산권이 복잡하게 얽혀 있는 상황을 특허 덤불이라고 부른다. 시장에 특허 덤불이 있으면 새로운 경쟁자는 시장에 진입하기가 어렵다. 특허 덤블을 피하려면 특허풀이 유효하다.[52]

52 ▸ 유럽연합 집행위원회, 특허덤불 방지를 위한 특허풀 설정 강조 https://www.kiip.re.kr/issuefocus/pdf/PDF_140110/pdf_20140110_18.pdf

□ 약한 특허와 강한 특허를 어떻게 판단하는가?

□ 방어용 특허인지 공격용 특허인지 어떻게 판단하는가?

□ 약한 특허를 대량으로 등록하면 강한 특허가 될 수 있나?

□ 약한 특허인지 강한 특허인지 어느 시점에 알 수 있나?

□ 약한 특허는 없고 강한 특허만 보유할 수 있나?

나가며
<교과목명: AI 특허전략>

AI 시대다. 이공계만이 아니라 모든 대학원생은 AI 특허를 직접 출원하고 AI 시대의 주인공이 되어야 한다. 꼭 AI 특허가 아니라도 특허를 출원하는 대학원생이 있지만 그 숫자는 매우 적다. 연구과제에 연구원으로 참여하고 연구 성과를 특허 출원할 때 발명자로 포함되는 정도에 불과하다.

지금부터는 모든 대학원생이 발명자가 되어 특허를 출원할 수 있게 환경을 마련해야 한다. 모든 대학원은 대학원생이 아이디어를 만들고 특허를 출원하는 과정을 체계적으로 지원해야 한다. 특허가 등록되면 발명자인 대학원생은 졸업 후의 진로 선택을 더욱 윤택하게 할 수 있다. 아이디어를 발명으로 진화시키지 못해 특허를 출원하지 못하는 대학원생이나 특허 출원은 했으나 등록이 거절되는 대학원생이라도 수업을 통해서 실전에 즉시 활용할 수 있는 지식을 쌓을 수 있다. 경험보다 더 확실한 교육이 어디 있겠나. 지금도 여러 대학원에 특허 수업이 있으나 수업 내용은 특허 출원과는 거리가 멀다. 선행기술을 조사하고 특허 검색하는 방법을 가르친다. 특허 출원에 필요한 명세서를 작성하거나 청구범위를 해석하는 방법을 가르치기도 한다. 기술사에서 큰 의미를 가진 특허나 기발한 특허를 분석하기도 한다. 꼭 수업이 아니라도 이런 내용은 한 번이라도 직접 특허 출원해 보면 자연스럽게 이해할 수 있다.

대학원생이 AI 특허를 출원하는 수업은 처음에는 어려움이 있다. 지도교수나 대학원생이나 모두 처음 해 보는 수업이라 정형화된 수업 방식도 없고 수업 교재도 없다. 하지만 본서에서 제시한 방법을 따라 진행하면 얼마든지 수업을 시작할 수 있다. 수업을 몇 학기 반복하면 지도교수와 수강하는 학생은 특허 출원의 요령을 터득하게 된다. 그러면 다양한 아이디어가 나오고 의미 있는 특허를 출원할 수 있다.

대학원생 중에 AI를 활용하지 않는 학생을 보기 어렵다. AI 기술을 연구하지 않는 대학원생도 자신의 연구를 잘하기 위해 AI를 활용한다. 자신의 연구 주제와 AI를 어떻게 융합하면 좋을지 궁리하고 아이디어를 만든다. 미래의 기술은 이런 아이디어에서 출발한다. 만약 아이디어를 특허로 출원할 수 있다면 한 인재의 인생이 변할 뿐만 아니라 우리나라의 미래도 변할 수 있다. 직접 특허를 출원하면 선행기술의 한계와 문제점을 이해할 수 있으며 미래에 등장할 새롭고 진화된 기술을 자신의 언어로 묘사할 수 있다. 대학원생은 과제를 인식하고 해결하며 특허 출원하는 과정을 통해 인재로 성장한다. 자신의 발명이 사회를 윤택하게 만든다는 사실을 실감한다. 특허 출원은 인재 양성의 촉매가 된다.

카이스트에는 〈AI 특허전략〉이라는 이름의 대학원 수업이 있다. 저자가 진행하고 있는 수업이다. 수업에 들어오는 학생들의 배경은 다양하지만 AI를 전공한 학생은 거의 없다. 기계학습을 비롯한 AI 과목을 수강해서 AI를 자유롭게 활용할 수 있는 학생도 드물다. 이공계 대학을 졸업한 학생도 있지만 경영학이나 어문학 등 인문사회계열 대학을 졸업한 학생이 절반 가깝게 들어온다. 이런 학생들을 대상으로 저자는 AI 특허를 출원하는 수업을 16주 동안 진행한다. AI 특허는 기계학습 기반의 AI 기술이 필요한 발명이다.[53] 학생들은 저자와 머리를 맞대고 다양한 아이디어를 만든다. 수업 첫 시간에는 AI도 모르고 구체적인 아이디어도 없는 학생들이지만 학기가 끝날 무렵이면 어느 한 사람 예외 없이 발명을 완성한다.

완성된 발명은 학교에 〈발명신고서〉 형식으로 제출한다. 학교에서는 여러 명의 외부 변리사에게 의뢰해서 발명신고서를 심사하고 점수를 매긴다. 같은 발명이지만 변리사들이 주는 점수는 의외로 편차가 크게 벌어진다. 같은 아이디어를 보면서도 관점이 서로 다르고 평가도 다르다.

최종 등급은 학교의 담당 부서에서 판단한다. A등급은 국제출원 대상이며 B등급은 국내 출원 대상이다. C등급은 국내 가출원 대상이며 D등급은 출원 포기 대상이다. A, B, C 등급에 선정되면 학교 재원으로 특허 출원한다. 지금까지 학교에 제출한 발명 중에 D등급은 손데 꼽을 정도로 적으며 대부분 B등급이나 C등급을 받았다. A등급은 드물게 나온다. 지금까지 받은 A등급과 B등급을 합하면 전체 발명의 40퍼센트

53 ▸ 기술 분야별 심사 실무 가이드 https://www.kipo.go.kr/ko/kpoContentView.do?menuCd=SCD0200147

수준이다. 이 수치는 학교의 재정 상태에 따라 변한다. 학생들이 제출한 발명은 대부분 특허로 등록될 수 있는 수준까지 완성되어 있지만 학교의 재정 상태는 모든 발명을 특허 출원하기에는 턱없이 부족하기 때문이다. 학교 재원으로 출원하고 등록된 특허 중에는 기술이전을 완료해서 산업에 활용된 사례도 있다. 기술이전 가능성이 작아 연차등록료를 납부하지 않고 특허권을 포기한 사례도 있다.

아래에 적은 발명은 카이스트의 대학원 수업에서 수강생들이 실제로 아이디어를 내고 특허 출원한 내용이다. 수강생들의 전공이 매우 다양하다 보니 발명 내용 역시 한계가 없다.

* 신뢰 지수를 활용한 위험 요소 분석 방법 및 시스템
* 기계학습 데이터 라벨을 제3자 집단이 투표로 결정하고 보상을 블록체인에 기록하는 방법 및 장치
* 스몰 데이터를 이용한 신뢰 지수 평가 및 예측 방법
* 암호화폐 평가 방법 및 암호화폐 지수
* SNS를 통한 개인 간 거래에서 상대방의 신뢰도를 측정하는 방법 및 시스템
* 실제 사람의 말투와 문체를 흉내 내는 대화 방법 및 시스템
* 메타버스를 이용한 자필 서명 및 계약 체결 방법 및 시스템
* 유인기와 무인기로 구성된 복합 체계의 최적 임무 결정을 위한 컴퓨터 장치 및 방법

* 분야별 도서 판매량 예측 및 집필 가이드 시스템
* 메타버스 및 가상 공간에서의 제품 정보를 포함한 블록체인 기반 고유 식별 정보를 통한 커머스 관리 통합 시스템 및 방법
* Lab 컬러를 활용한 사진의 밝기를 보정하는 방법 및 시스템
* 예측 모델링에 기반한 신원 대조 확인 시스템
* 인체 측정 데이터를 이용한 맞춤형 학습모델 기반 심폐소생술 피드백 장치
* 위성통신 안테나 자동 보정 방법 및 고장 예측 시스템
* AI가 생성한 이미지에 대한 유용도를 AI가 평가해 주는 시스템 및 방법
* 도심항공교통[UAM] 노선 설계 방법 및 시스템
* 신발 내 센서 측정 데이터 기반 사용자 보행 패턴 학습 및 인공관절 재검/재수술 예측 방법 및 시스템
* 실시간 특허 분석 방법 및 시스템
* 이미지와 이미지 태그의 정확도를 평가해 주는 방법 및 시스템
* 감성 AI와 로봇에 장착된 캡슐 공간을 통한 자율주행로봇 안전 대응 및 부상자 이송 시스템
* 카테고리별 데이터 학습모델을 통한 임상실험 성공률 예측
* 스마트 마스크 활용을 통한 개인 건강 관리 시스템
* 개미 군집 최적화를 이용한 순차 항공기 위험 정보 전파 및 경로 최적화 방법 및 시스템
* 신생아 고관절 이상 확률 평가 방법 및 시스템

국내외 많은 대학원에서 특허 수업을 진행한다. 법학전문대학원에서는 특허법이나 지식재산권법을 포함한 법률 해석

과 판례 분석을 중심으로 한다. 이공계 대학원에서는 특허를 분석하는 방법이나 특허 명세서를 어떻게 작성하고 청구범위를 어떻게 해석하는지에 집중한다. 기술의 역사에서 중요한 의미를 가진 특허나 기발한 특허를 읽고 토론하는 수업도 있다. 하지만 모든 학생이 각자 발명하며 특허 출원을 목표로 하는 수업이 있는지는 알지 못한다. 혹시 그런 수업이 있으면 즉시 확인하고 참고하고 싶다. 특허를 출원하는 수업이 없으니 AI 특허를 출원하는 수업은 당연히 없다. 모든 학생이 AI 특허를 출원하는 수업은 왜 없을까?

첫째, 학생의 문제

수업에 들어오는 학생은 학부 전공만이 아니라 AI를 공부한 깊이도 다르다. AI를 상당히 깊이 공부했으며 관련 수업도 여럿 수강한 학생이 있는가 하면 AI는 한 번도 공부한 적이 없는 학생도 있다. 알고리즘이 무엇인지 모르며 흐름도를 한 번도 그려 본 적이 없는 학생도 있다. 이처럼 다양한 배경을 가진 학생들이 아이디어를 만들면 그 범위에는 한계가 없다. 상거래나 암호화폐가 있는가 하면 인공위성이나 로봇도 등장한다. 아이디어가 너무 다양해서 놀라울 정도다. 공상과학 소설에 가까운 아이디어도 흔하게 나온다.

둘째, 교수의 문제

학생이 아이디어를 제시하면 교수는 학생과 함께 아이디어를 AI 특허 수준으로 발전시켜야 한다. 교수 역시 AI를 이해하는 범위는 편차가 크다. AI를 전공한 교수도 있고 AI를 다양한 연구개발에 사용하는 교수도 있다. 교수는 AI에 더해 산업에 대한 지식도 필요하다. 학생이 드론에 관한 아이디어를 제시하면 교수는 드론 기술과 드론 산업에 관한 지식이 있어야 한다. 학생이 암호화폐에 관한 아이디어를 제시하면 교수는 암호화폐 기술과 산업에 관해 학생과 토론할 수 있어야 한다. 여기에 더해 교수는 특허 제도에 관한 지식도 있어야 한다. 아이디어에서 특허 등록으로 이어지는 경로를 이해해야 수업을 진행할 수 있다.

학생과 교수 모두에게 한계가 있음에도 불구하고 AI 특허 출원을 목표로 하는 수업이 가능한 이유는 AI 특허의 특징에 있다. AI 특허는 크게 보면 세 가지로 나눌 수 있다. 데이터에 집중한 특허, AI 모델에 집중한 특허, 비즈니스 메소드에 집중한 특허다. 실제로 주요 국가의 특허청에 출원되는 AI 특허 중에서 AI 모델에 집중한 특허는 10퍼센트 수준에 불과하다.[54] AI 모델 특허를 출원하는 출원인은 주로 빅테크와 연구 기관이다. 이런 출원인은 AI 기술을 주도하는 리더를 지향한다. AI 특허 출원의 나머지 90퍼센트는 AI 활용에 관해서다. 데이터에 집중하거나 비즈니스 메소드에 집중한 특허다. 이런 특허는 AI를 특정 산업이나 분야에 활용하는 방법에 집중한다. AI를 활용해서 경제적인 가치를 얻으려는 목적이 강하다. AI는 전기나 인터넷처럼 범용 기술이기 때문에 어떤 산업에나 활용할 수 있다. 활용에 집중한 AI 특허가 늘어나는 경향은 앞으로도 계속될 전망이다. 저자가 진행하는 수업에서는 데이터와 비즈니스 메소드에 집중해서 AI 특허를 출원하고 실제 산업에서의 AI 활용을 지향한다.

54 ▸ Core AI patents at the EPO – a long-term trend analysis https://www.marks-clerk.com/media/pwzmelsk/coreaireport.pdf?utm_source=chatgpt.com

부록

《AI 특허전략》을 위한 질문과 힌트

- 질문을 명확하게 이해하고 확실하게 대답할 수 있으면 □에 √ 표시한다.
- 질문의 의도를 이해하지 못하거나 확실하게 대답할 수 없으면 본문으로 되돌아간다.
- 간단한 대답이나 힌트에 더해 더 나은 대답이 있으면 요점을 여백에 적는다.
- 질문에 따라서는 하나의 특허를 대상으로 대답한다.
- 질문에 따라서는 조직이 보유한 전체 특허를 대상으로 대답한다.

부록

I부
아이디어를 생성한다

□ 하루에 몇 번씩 사용하는데도 여전히 사용법이 어려운 물건이 있나?

(예) 스마트폰으로 사진을 찍으려면 카메라 앱 설정이 직관적이지 않고 어렵다.

□ 두 손을 동시에 사용해야만 하는 물건이 있나?

(예) 자물쇠를 잠그거나 풀 때 두 손을 동시에 사용한다.

□ 너무 길거나 너무 짧아서 사용하기 불편한 물건이 있나?

(예) 이어폰 케이블이 너무 길어 쉽게 엉킨다.

□ 너무 무겁거나 너무 가벼워서 사용하기 불편한 물건이 있나?

(예) 노트북은 무겁고 태블릿은 가볍지만 타이핑하기 불편하다.

____

____

□ 시간이 너무 오래 걸리거나 너무 짧아서 사용하기 불편한 물건이 있나?

(예) 기계로 원두를 갈아서 커피를 마시려면 시간이 오래 걸린다.

____

____

□ 일상에서 의미 없이 반복하는 활동이 있나?

(예) 이메일 수신을 자주 확인하지만 대부분 스팸이나 불필요한 알림이다.

____

____

□ 하루에 가장 많은 시간을 사용하는 활동은 무엇인가?

(예) 스마트폰으로 소셜 미디어를 보는 시간이 너무 많다.

____

____

□ 가장 돈이 아깝다고 느끼는 활동은 무엇인가?

(예) 스트리밍 서비스를 구독하지만 실제로 시청하는 시간은 너무 적다.

□ 얻는 성과에 비해 너무 많이 노력해야 하는 활동은 무엇인가?

(예) 다이어트를 매일 하지만 체중이 줄지 않는다.

□ 너무 많은 자원을 낭비하는 활동은 무엇인가?

(예) 일회용 컵은 자원을 낭비하고 환경에 나쁘다.

□ 지식이나 경험이 없어도 사용할 수 있나?

(예) 음성 명령으로 작동하는 AI 앱은 직관적으로 사용할 수 있다.

□ 행위를 한 번만 하면 결과물을 여러 곳에서 공유할 수 있나?

(예) 소셜 미디어에 사진을 한 번 업로드하면 친구나 가족이 모두 볼 수 있다.

□ 자원을 최적으로 사용하는가?

(예) 에어컨 온도를 조절해서 계속 가동하면 오히려 전기 요금이 절약된다.

□ 시작과 끝은 조건이 항상 일정한가?

(예) 출퇴근 시간이 항상 일정하다.

□ 인간을 대신해서 기계가 할 수 있나?

(예) 청소 로봇이 바닥을 물청소한다.

부록

□ 아이디어는 몇 개 만들었나?

(예) 100개를 목표로 한다.

□ 아이디어 숫자를 늘리기 어려운가?

(예) 은유하거나 연상하면서 숫자를 늘린다.

□ 아이디어를 만드는 환경은 적절한가?

(예) 조용한 곳에 혼자 있거나 반대로 카페의 백색 소음이 도움이 될 수 있다.

□ 아이디어를 여러 명이 함께 만드나?

(예) 먼저 혼자서 생각하고 세 명이 아이디어를 교환한 후에 다시 혼자 생각한다.

□ 아이디어의 실현 가능성은 언제 평가하면 좋을까?

(예) 아이디어를 100개 생성한 후에 가능성을 평가한다.

□ AI와 사물 인터넷을 융합하면 어떤 과제를 해결할 수 있는가?

(예) 실내에서 사용하는 기기는 실시간 학습하며 에너지 소비를 최적화한다.

□ AI와 블록체인을 융합하면 어떤 과제를 해결할 수 있는가?

(예) 데이터 위변조를 방지하며 공급망을 투명하게 관리할 수 있다.

□ AI의 세부 기술을 얼마나 다양하게 융합하는가?

(예) 딥러닝, 강화학습, 컴퓨터 비전을 융합한다.

부록

□ AI가 융합하기 어려운 기술은 무엇인가?

(예) 현재 기술 수준으로는 AI와 양자 컴퓨팅은 융합하기 어렵다.

□ AI와 다른 기술을 융합하면 이를 구현하는 하드웨어는 무엇인가?

(예) 스마트폰, 자동차, 모빌리티 등 하드웨어는 다양하다.

□ 데이터 전처리에 관한 아이디어인가?

(예) 센서로 입수한 데이터를 실시간 필터링하는 아이디어는 데이터 전처리에 해당한다.

□ 데이터 품질 향상을 위한 아이디어인가?

(예) 데이터를 깨끗하게 만드는 방법을 찾는다.

□ 개인정보를 보호하는 아이디어인가?

(예) 개인정보를 중앙 서버에 공유하지 않고 현지에서 처리한 후에 삭제한다.

□ AI는 데이터를 학습해서 어떤 과제를 해결할 수 있을까?

(예) 데이터를 학습해서 수요를 예측하고 개인 맞춤형으로 제안한다.

□ AI는 비정형 데이터를 활용하는가?

(예) 이미지나 음성 같은 비정형 데이터를 활용해서 환자의 질병을 진단한다.

□ 아이디어를 특허 출원하고 싶은가?

(예) 아이디어를 법으로 보호하고 싶으면 특허 출원한다.

□ 아이디어는 추상적인가?

(예) 아이디어가 추상적이면 특허 대상이 아니다.

□ 아이디어를 기술적으로 구현할 수 있나?

(예) 아이디어를 기술적으로 구현할 수 있어야 특허 대상이다.

□ 아이디어는 노하우인가?

(예) 노하우로 독점하고 싶은 아이디어는 특허 출원하지 않는다.

□ 아이디어는 산업에서 이용할 수 있나?

(예) 아이디어를 산업에서 이용할 수 있어야 특허 대상이다.

□ AI 시스템으로 인해 모순이 생기는 사례는 무엇인가?

(예) 사용자가 선호하는 제품을 학습하고 추천하면 선택의 폭이 좁아진다.

____

____

□ 발명 원리 중에서 가장 쉽게 이해되는 원리는?

(예) TRIZ 원리 1 분할은 대상을 작게 나누는 방법이라 직관적으로 이해할 수 있다.

____

____

□ 발명 원리 중에서 가장 이해하기 어려운 원리는?

(예) TRIZ 원리 36 상전이는 물질의 상이 변할 때 변화하는 특성을 이용하는 개념으로 어렵다.

____

____

부록

□ TRIZ 40가지 발명 원리를 몇 개 그룹으로 묶을 수 있나?

(예) 공간, 시간, 물질, 에너지, 정보 그룹으로 묶을 수 있다.

□ 발명 원리를 데이터 전처리에 적용할 수 있나?

(예) TRIZ 원리 9 사전 반작용이나 10 사전 조치를 적용할 수 있다.

□ 미래를 왜 예측하고 싶은가?

(예) 시장의 변화에 선제적으로 대응할 수 있다.

□ 미래의 무엇을 예측하고 싶은가?

(예) 기술이 진화하는 방향과 속도를 예측하고 싶다.

□ 미래를 예측한 후에는 무엇을 하는가?

(예) 적절한 유스 케이스를 작성해서 경영에 활용한다.

□ 미래 예측이 꼭 필요한 과제인가?

(예) 과제 해결을 위해 필요한지 확인한다.

□ 미래 예측의 정확도를 어떻게 올리는가?

(예) 데이터 종류를 다양하게 확보하며 시뮬레이션을 반복한다.

□ 개인화의 목적은 무엇인가?

(예) 사용자의 특성에 맞춘 서비스를 제공해서 만족도를 높인다.

부록

□ 개인화를 위해 무엇을 어떻게 차별화하는가?

(예) 불특정 다수의 데이터가 아니라 개인의 데이터를 분석한다.

□ 개인화에 미래 예측 결과를 어떻게 반영하는가?

(예) 장기적인 시장 변화를 개인화된 제품 추천 알고리즘에 반영한다.

□ 개인화가 제대로 진행되고 있는지 어떻게 판단하는가?

(예) 사용자의 재방문율이 유의미하게 상승했는지 측정한다.

□ 개인화의 다음 단계는 무엇인가?

(예) 개인화된 사용자를 특징별로 묶고 상호작용을 바탕으로 네트워크 효과를 강화한다.

□ 일상에서 자주 사용하는 분류는 무엇인가?

(예) 이메일을 발신자별로 분류한다.

□ 인과관계와 상관관계의 차이는 무엇인가?

(예) 인과관계는 한 변수가 다른 변수를 직접 유발한다. 상관관계는 두 변수의 통계적 연관이다.

□ 이메일 스팸을 100퍼센트 완벽하게 걸러 내지 못하는 이유는 무엇인가?

(예) 스팸 패턴은 계속 변형되므로 스팸 필터가 항상 완벽하게 대응할 수 없다.

□ 주식 가격 예측이 빗나가는 이유는 무엇인가?

(예) 주식 가격은 시장 환경 변화나 투자자 심리처럼 예측 불가능한 비선형 변화이기 때문이다.

□ 일기 예보가 맞지 않는 이유는 무엇인가?

(예) 예보에 필요한 입력과 출력은 비례하지 않고 복잡하게 증폭되기 때문이다.

□ 흐름도의 각 단계는 명확하게 표현되었나?

(예) 입력, 처리, 출력으로 표현되어 논리 순서를 쉽게 파악할 수 있어야 한다.

□ 흐름도만 보면 아이디어의 핵심 구조를 이해할 수 있나?

(예) 데이터 입력, AI 추론, 결과 데이터 출력을 직관적으로 이해할 수 있어야 한다.

□ 흐름도의 각 작업을 실행하는 목적은 분명한가?

(예) 목적이 분명하지 않으면 흐름도에 포함하지 않는다.

□ 흐름도의 작업이 무한히 반복하지 않는가?

(예) 종료 조건을 명확하게 설정해서 무한 반복을 방지한다.

□ 흐름도에 인간의 행위가 포함되었나?

(예) 인간은 작업을 시작하거나 결과 데이터를 이용하지만 흐름도에는 포함하지 않는다.

부록

□ 블록도에는 아이디어의 핵심 구조가 포함되었나?

(예) 데이터 입력, AI 처리 엔진, 출력 데이터 생성과 같은 핵심 구조를 포함한다.

□ 블록과 블록을 연결하는 선은 목적이 분명한가?

(예) 데이터 흐름을 화살표로 표시해서 목적을 명확하게 표현한다.

□ 블록에서 블록을 향하는 화살표가 있다면 방향은 정확한가?

(예) 데이터 입력에서 처리나 출력을 향하며 논리 순서를 표현한다.

□ 블록도는 간결하게 표현되었나?

(예) 블록도는 다섯 개에서 열 개 이내의 핵심 모듈만 구성한다.

□ 블록도에 인간이 포함되었나?

(예) 인간과 시스템이 상호작용하는 사용자 인터페이스 블록을 포함할 수 있다.

□ 아이디어를 구현하는 하드웨어는 무엇인가?

(예) 컴퓨터, 자동차, 모빌리티 등 다양하게 생각한다.

□ 아이디어를 구현하는 과정을 가상의 사용자 인터페이스로 그릴 수 있나?

(예) 실제로 구현할 수 있는 수준으로 사용자 인터페이스를 그린다.

□ 아이디어 구현을 위한 리버스 엔지니어링은 어떤 과제에 효과적인가?

(예) 진행 과정을 먼저 생각한 후에 구현에 필요한 기술을 설계할 수 있는 과제에 효과적이다.

□ 가상의 사용자 인터페이스가 시작하고 끝나는 기준이 있는가?

(예) 시작 버튼을 클릭하면 시작하고 완료 버튼을 클릭하면 끝난다.

□ 가상의 사용자 인터페이스를 다른 하드웨어에서 사용할 수 있는가?

(예) 가상의 사용자 인터페이스는 다른 하드웨어에 적용할 수 있도록 유연하게 설계한다.

□ 선행기술을 발견하기 위해 어떤 자료를 검색했는가?

(예) 한국 KIPRIS, 미국 USPTO, 유럽 EPO 사이트에서 특허를 검색한다.

□ 아무리 검색해도 아이디어와 같거나 비슷한 선행기술은 하나도 없는가?

(예) 하나도 검색하지 못했다면 유사 기술의 조합을 제시하고 신규성을 주장한다.

□ 선행기술은 어떤 과제를 해결하는가?

(예) 선행기술은 불편함이나 비효율을 부분적으로 해결한다.

부록

□ 선행기술이 있다면 이를 다른 기술로 대체할 수 있나?

(예) 선행기술을 다른 기술로 대체하거나 결합하여 진보성을 부여할 수 있다.

□ 선행기술보다 더 나은 방법을 찾지 못하면 아이디어를 포기할 수 있나?

(예) 다양한 관점에서 아이디어에 차별적인 구성 요소를 도입한다.

□ 선행기술에 새로운 기술을 부가하는가?

(예) 선행기술에 새로운 기술을 부가하여 아이디어에 진보성을 갖춘다.

□ 선행기술의 일부를 다른 기술로 치환하는가?

(예) 다른 기술로 치환하면 기술의 한계를 극복할 수 있다.

□ 선행기술의 일부를 제거하는가?

(예) 일부를 제거하면 불필요한 요소를 간소화하여 효율을 높일 수 있다.

□ 선행기술의 구성 순서에 변경을 주는가?

(예) 구성 순서를 변경하면 예상치 못한 효과를 얻어 진보성을 주장할 수 있다.

□ 선행기술의 요소 여러 개를 하나로 융합하는가?

(예) 융합은 기술 혁신을 위한 전략이다.

II부
기술을 선점한다

□ 아직 특허 출원하지 않은 아이디어를 외부에 공개한 적이 있는가?

(예) 출원 전 아이디어를 외부에 공개하면 신규성이 상실될 위험이 있다.

□ 다른 사람이 내 아이디어를 듣고 특허 출원한 적이 있는가?

(예) 출원하기 전에는 아이디어를 공개하지 않는다.

□ 특허를 출원한 경험이 있는가?

(예) 출원 경험에 상관없이 특허 출원할 수 있다.

□ 어느 국가에 특허를 출원하고 싶은가?

(예) 한국에서 먼저 출원한다.

□ 특허를 출원하지 않고 노하우로 숨기는 게 더 좋은가?

(예) 경영에 반드시 필요하며 경쟁자가 알면 곤란한 노하우는 숨겨야 한다.

□ 아이디어는 순수한 영업 방식인가?

(예) 순수한 영업 방식은 기술 요소가 부족하여 특허 요건을 충족하기 어렵다.

□ 아이디어를 구현하려면 인간의 결정이 필요한가?

(예) 인간의 결정이 필요한 경우에는 기술로 구현하는 방법을 보강해야 한다.

□ 아이디어는 인간의 정신활동인가?

(예) 인간의 정신활동만으로는 특허 대상이 되지 않는다.

□ 아이디어는 인간이 오프라인에서 하는 행위인가?

(예) 오프라인에서 하는 인간의 행위는 특허 대상이 아니다.

□ 발명한 결과물은 컴퓨터 프로그램인가?

(예) 프로그램을 물리적으로 구현하거나 데이터 처리 방법과 결합해서 실시 가능 요건을 충족한다.

□ AI를 활용하는 방법을 제시하는가?

(예) AI 특허는 대부분 AI를 활용하는 방법에 관해서이다.

□ AI를 활용하는 물건을 제시하는가?

(예) AI를 물리적으로 구현하는 방법이 필요하다.

□ AI를 활용하는 방법과 물건을 함께 제시하는가?

(예) AI를 활용하는 방법과 물건을 함께 제시하면 강력한 구조가 된다.

□ AI를 구현하는 소스 코드가 있는가?

(예) 소스 코드는 명세서에 작성하지 않아도 된다.

부록

□ AI를 구현하는 데이터는 명확하게 지정되었나?

(예) 학습용 데이터나 추론용 데이터를 명확하게 지정해야 한다.

□ 데이터의 양은 충분한가?

(예) 모델의 학습 효과를 달성할 수 있는 수준으로 확보해야 한다.

□ 데이터는 오류가 적은가?

(예) 전처리 단계에서 정제 과정을 통해 신뢰성을 확보한다.

□ 데이터는 사실과 일치하는가?

(예) 산업에 이용할 수 있는 수준으로 데이터를 준비한다.

□ 데이터의 범위는 과제를 충분히 포함하는가?

(예) 과제를 해결할 수 있도록 충분히 포함되어야 한다.

□ 데이터 분류는 조화를 이루는가?

(예) 학습 단계에서 카테고리 균형을 통해 모델의 안정성과 일반성을 확보한다.

□ 데이터를 정제하는 방법인가?

(예) 학습 단계에서 데이터 오류나 노이즈를 제거하여 모델의 정확성을 높인다.

□ 데이터를 변환하는 방법인가?

(예) 학습 단계의 전처리 과정에서 입력 형태를 최적화한다.

□ 데이터를 증강하는 방법인가?

(예) 학습 데이터 부족을 보완하기 위한 전처리로 모델의 일반화 능력을 강화한다.

□ 데이터 전처리가 필요 없는 방법인가?

(예) 데이터 전처리가 필요 없는 방법은 드물다.

□ 데이터 전처리하는 새로운 방법인가?

(예) 기존 방법의 한계를 극복하면 특허의 진보성을 주장할 수 있다.

□ AI 모델의 지도학습에 관한 발명인가?

(예) 라벨링된 데이터를 활용하는 예측이 중심이다.

☐ AI 모델의 비지도학습에 관한 발명인가?

(예) 클러스터링이나 차원 축소를 통해 패턴을 발견한다.

☐ AI 모델의 학습 방법에 어떤 특징이 있는가?

(예) 지도학습, 비지도학습, 강화학습, 심층학습, 전이 학습 등 특징을 제시한다.

☐ AI 모델을 구성하는 기능에 관한 발명인가?

(예) 입력층, 출력층, 은닉층을 새로운 방법으로 연결한다.

☐ AI 모델을 주로 사용하는 분야는 어디인가?

(예) 제조업, 서비스업, 농업 등 다양한 분야에 사용할 수 있다.

□ 하드웨어 구현의 구체적인 구성 요소는 무엇인가?

(예) 프로세서, 메모리, 센서, 네트워크 인터페이스와 같은 장치를 포함한다.

□ 하드웨어 구현은 선행기술과 비교할 때 어떤 효과를 만드는가?

(예) 선행기술보다 처리 속도가 향상되고 에너지 효율을 높이는 효과를 만든다.

□ 소프트웨어와 하드웨어의 상호작용은 어떻게 이루어지는가?

(예) AI 모델은 하드웨어 센서를 통해 데이터를 수집하고 출력은 물리적인 액추에이터로 실행한다.

□ 하드웨어 구현으로 해결하려는 과제는 무엇인가?

(예) 실제 환경에서 드러난 과제를 안정적으로 해결한다.

____

____

□ 하드웨어 구현은 주로 어떤 산업에 적용하는가?

(예) 제조업이나 모빌리티 산업처럼 다양한 산업에 적용한다.

____

____

□ 학습 완료한 AI 모델이 생성한 출력 데이터에 관한 발명인가?

(예) 추론 단계에서 데이터 후처리를 통해 비즈니스로 연결한다.

____

____

□ 특정 과제에 한정된 후처리 방법인가?

(예) 후처리 방법은 다양한 산업에 적용할 수 있도록 유연하게 설계한다.

____

____

부록

□ 출력 데이터를 그대로 사용하면 무엇이 문제인가?

(예) 데이터에 노이즈가 있거나 불완전하여 잘못된 판단을 할 수 있다.

□ 출력 데이터를 후처리하면 어떤 효과를 기대할 수 있나?

(예) 정확도를 향상하고 정교하게 개인화한 의사결정이 가능하다.

□ 출력 데이터를 제대로 후처리했는지 어떻게 판단하나?

(예) 비즈니스에 적용하고 사용자 만족도를 평가한다.

□ AI 비즈니스 메소드에 관한 발명인가?

(예) AI 활용은 추론 단계에서 경제 가치를 창출한다.

□ AI를 활용해서 해결하려는 과제는 무엇인가?

(예) 일상의 불편함과 비효율을 해결한다.

□ AI 모델이 생성한 출력 데이터를 어떻게 활용하는가?

(예) 데이터 후처리를 통해 의사결정이나 서비스에 활용한다.

□ AI를 영업 방식에 어떻게 활용하는가?

(예) 데이터 분석과 예측을 통해 개인 맞춤형 제안을 자동화한다.

□ AI 모델은 이미 공개된 모델을 이용하는가?

(예) AI 모델은 이미 공개된 모델을 이용할 수 있다.

□ AI 시대에 인간만 발명자로 인정하는 특허법을 유지해야 하는가?

(예) 미래에 일부 국가에서는 AI를 발명자로 인정하는 특허법이 등장할 수 있다.

□ AI가 발명했는데 인간을 발명자라며 특허 출원하는 행위는 정당한가?

(예) 현재의 특허법은 인간의 감독과 아이디어 제공을 핵심으로 한다.

□ AI와 인간이 협력해서 만든 발명에서 AI의 기여를 어떻게 계산하나?

(예) AI는 데이터 처리나 최적화 부분으로 한정하며 전체 과정은 인간이 주도한다.

□ 인간이 아이디어를 내고 AI가 구현하면 발명의 주체는 누구인가?

(예) 현재의 특허법에서 발명의 주체는 인간이다.

□ AI가 아이디어를 내고 인간이 구현하면 발명의 주체는 누구인가?

(예) 현재의 특허법에서 발명의 주체는 인간이다.

□ 몇 개 국가에 출원할지 정했나?

(예) 한국을 기본 출원 국가로 정하고 국제출원을 고려한다.

□ 언제 출원할지 정했나?

(예) 아이디어를 완성한 직후에 선출원주의에 따라 지연 없이 출원한다.

□ 특허를 여러 개로 분할할 수 있나?

(예) 특허를 분할출원하면 보호 범위를 강화할 수 있다.

□ 변화가 빠르거나 유행에 민감한 기술인가?

(예) AI 기술은 변화가 빠르고 유행에 민감하다.

□ 기술을 제품으로 만드는 데 시간이 오래 걸리는 기술인가?

(예) AI 기술은 제품화에 상대적으로 시간이 짧다.

□ 심사 방식을 정했나?

(예) 시간이 급하면 우선 심사를 선택한다.

□ 특허 출원일을 최대한 빠르게 확정해야 하나?

(예) 선출원주의에 따라 신규성을 보호하는 핵심 원칙이다.

□ 발명을 특허 한 건으로 출원하는가?

(예) 가능한 분할출원을 고려한다.

□ 분할출원이 가능한가?

(예) 분할출원이 가능한지 특허 구성 요소를 확인한다.

□ 심사 기간을 단축할 필요가 있나?

(예) 심사 기간 단축이 필요하면 우선 심사를 청구한다.

□ 발명의 특징을 쉽게 이해할 수 있나?

(예) 흐름도와 블록도로 시각화하여 쉽게 이해할 수 있도록 명세서에 상세히 설명한다.

부록

□ 발명은 쉽게 구현할 수 있나?

(예) 통상의 기술자가 쉽게 구현할 수 있어야 한다.

□ 입력 데이터와 출력 데이터 사이에는 어떤 관계가 있나?

(예) AI 모델의 학습과 추론 과정에 인과관계가 존재한다.

□ 발명을 구현하는 단계에 하드웨어가 필요하나?

(예) 물리적인 구현에 프로세서와 센서가 필요하다.

□ 발명의 효과를 쉽게 확인할 수 있나?

(예) 선행기술 비교와 실시예를 비교해서 확인한다.

□ 해결하고자 하는 과제는 어떤 의미가 있나?

(예) AI를 이용해서 일상의 불편함과 비효율을 개선한다.

□ 과제의 해결 수단은 기존 특허를 피할 수 있나?

(예) 기존 특허를 피할 수 있도록 새로운 기술을 부가하거나 다양한 기술을 융합한다.

□ 흐름도와 블록도를 포함한 도면은 충분한가?

(예) 흐름도와 블록도를 포함한 도면으로 아이디어를 시각화한다.

□ 실시예는 모두 몇 개인가?

(예) 실시예는 최소 세 개 이상 제시한다.

□ 가장 대표적인 실시예는 무엇인가?

(예) 데이터 전처리와 후처리를 결합한 AI 추론 과정으로 산업에서의 이용을 강조한다.

□ 청구항은 모두 몇 개인가?

(예) 청구항은 최소 한 개 이상 제시한다.

□ 청구범위는 명세서에 설명한 내용과 같은가?

(예) 청구범위는 명세서에 설명한 내용과 일치해야 한다.

□ 독립항과 종속항이 구분되어 있나?

(예) 독립항과 종속항은 계층 구조로 구분한다.

□ 구성 요소는 상위 개념인가?

(예) 구성 요소는 상위 개념으로 간결하게 작성하여 보호 범위를 넓게 한다.

□ 청구범위는 특허 침해에 대비하고 있나?

(예) 청구범위는 상위 개념과 계층 구조로 작성해서 법적 보호를 강화한다.

□ 청구항을 계층 구조로 작성하면 장점은 무엇인가?

(예) 보호 범위를 확대하고 심사 거절 시 유연하게 대응한다.

□ 청구항을 계층 구조로 작성하면 생기는 단점은 무엇인가?

(예) 작성이 어렵고 불명확할 수 있다.

□ 독립항과 종속항을 구분하는 기준은 무엇인가?

(예) 독립항은 발명의 본질을 독자적으로 정의하고 종속항은 세부적으로 한정한다.

□ 독립항은 모두 몇 개인가?

(예) 독립항은 발명의 핵심을 포괄하는 한두 개로 작성하며 필요하면 추가한다.

□ 종속항은 모두 몇 개인가?

(예) 종속항은 독립항을 세부적으로 한정하는 다섯 개에서 열 개 이내로 구성한다.

☐ 심사 청구 시점을 정했나?

(예) 출원 후 3년 이내로 정한다.

☐ 심사 청구는 왜 이 시점에 하는가?

(예) 우선 심사를 통해 등록 기간을 단축하고 기술을 선점한다.

☐ 출원서류는 심사기준을 만족하는가?

(예) 명세서의 상세 설명과 청구범위의 계층 구조로 심사기준을 만족한다.

☐ 출원한 후에 심사 시점까지 기술은 얼마나 진화했나?

(예) AI 기술은 데이터 처리와 모델이 빠르게 진화한다.

부록

□ 출원한 후에 심사 시점까지 시장이 얼마나 변했나?

(예) 시장은 AI 활용 범위가 크게 변한다.

□ 본 발명에서 수집하거나 입력하는 데이터는 인용 발명과 동일한가?

(예) 인용 발명의 데이터와 다르며 개인화와 미래 예측을 반영한 차별 구조를 가진다.

□ 본 발명의 학습용 데이터 구조는 인용 발명과 동일한가?

(예) 인용 발명과 다르며 전처리와 증강 기법으로 진보성을 부여한다.

□ 본 발명의 인공 신경망 구조는 인용 발명과 동일한가?

(예) 인용 발명과 다르며 기능적인 융합과 층 연결 최적화로 새로운 효과를 창출한다.

□ 본 발명의 학습 방법은 인용 발명과 동일한가?

(예) 인용 발명과 다르며 지도학습과 비지도학습을 섞어 효율을 강조한다.

□ 본 발명의 학습 전 파라미터는 인용 발명과 동일한가?

(예) 인용 발명과 다르며 최적화 요소를 추가해서 모델의 수렴 속도를 향상시킨다.

□ 과제를 해결하기 위해 이미 알려진 기술을 단순히 적용했는가?

(예) 이미 알려진 기술을 단순히 적용한 수준이 아니며 데이터 전처리로 진보성을 부여한다.

부록

□ 청구범위의 구성 요소는 인용 발명과 무엇이 다른가?

(예) AI 추론 단계의 후처리와 비즈니스 메소드를 결합한 상위 개념으로 차별화한다.

□ 여러 개의 인용 발명에 포함된 구성 요소를 단순히 결합했는가?

(예) 단순히 결합한 수준이 아니며 창의적인 융합으로 더 나은 효과를 만든다.

□ 진보성을 주장하는 대상은 데이터 처리인가?

(예) 데이터 전처리와 후처리의 새로운 방법으로 선행기술의 한계를 극복한다.

□ 진보성을 주장하는 대상은 비즈니스 메소드인가?

(예) 비즈니스 메소드는 경제 가치 창출에 주목한다.

□ 발명은 추상적인 아이디어인가?

(예) 추상적인 아이디어가 아니며 구체적인 구현이 가능하다.

□ 아이디어는 어떻게 구현하는가?

(예) 컴퓨터 프로그램과 하드웨어로 구현한다.

□ 발명은 새로운 가치를 만들어 내는 혁신인가?

(예) AI 활용을 통해 산업의 효율과 개인화 서비스를 혁신한다.

□ 발명이 만드는 가치는 선행기술보다 더 나은가?

(예) 선행기술보다 더 나은 효과를 만든다.

□ 만약 발명이 심사를 통과하지 못한다면 이유는 무엇이라고 예상하는가?

(예) 신규성 부족이나 진보성 미달이 예상된다.

□ 출원서류의 형식에 문제가 있는가?

(예) 출원서류의 형식은 제대로 갖추어야 한다.

□ 신규성에 관해 선행기술과 동일한 구성이 있는가?

(예) 선행기술과 다르며 데이터 융합과 후처리로 차별화한다.

□ 신규성에 관해 불필요한 청구항은 삭제하거나 명확하게 한정했는가?

(예) 불필요한 청구항은 삭제하거나 명확하게 한정해야 한다.

□ 여러 개의 선행기술을 결합하는 발명이 통상의 기술자에게 어려운가?

(예) 통상의 기술자에게 어려워야 진보성을 인정받는다

□ 발명의 실시 가능성을 충분히 설명했는가?

(예) 실시예와 도면을 통해 충분히 설명해야 한다.

III부
가치를 확장한다

□ 특허의 가치란 무엇인가?

(예) 매출 증가나 원가 절감처럼 경영 성과에 직접 기여하는 경제적 가치를 의미한다.

□ 특허의 경제적 가치는 누가 정하나?

(예) 비용, 수익, 시장 관점을 통해 기업과 시장이 정한다.

□ 경제적 가치가 없는 특허는 의미가 없나?

(예) 경제적 가치가 없는 약한 특허는 등록을 포기하거나 판매해야 한다.

□ 시간이 지나면서 할인율이 변하는 경우가 있나?

(예) 기술 진화 속도가 빨라지거나 대체 기술이 등장하면 위험이 커져 할인율이 높아진다.

□ 특허의 경제적 가치를 유지하는 방법은 무엇인가?

(예) 특허와 경영을 연결하고 지식재산 포트폴리오를 정기적으로 갱신하며 후속 특허를 출원한다.

□ 인위적으로 기술을 유명하게 만들 수 있는가?

(예) 사건, 사람, 사상이라는 세 요소를 동시에 충족하면 기술을 유명하게 만들 수 있다.

부록

□ 기술이 유명하면 나쁜 점이 있나?

(예) 기술의 실력 이상으로 과도하게 기대한다.

□ 유명한 기술은 쉽게 유명한 제품으로 연결되는가?

(예) 실용성과 가격 경쟁력이 없으면 제품으로 연결되지 않는다.

□ 내년에는 어떤 유명한 기술이 나올지 예측할 수 있나?

(예) 정확하게 예측하기 어렵다.

□ 유명한 기술 중에 시장에서 실패한 기술이 있나?

(예) 현재 시점에서는 세그웨이, 3D TV, NFT 등이 있다.

□ 기술 로드맵은 누가 작성해야 하나?

(예) 국제기관이나 주요 기업에서 전문가 그룹이 주도해서 작성한다.

□ 기술 로드맵을 가장 많이 인용하는 시기는 언제인가?

(예) 경영전략이나 사업전략을 수립하는 시점에 많이 인용한다.

□ 기술 로드맵을 작성하지 않아도 되는 경우가 있나?

(예) 사양 기술은 작성하지 않아도 된다.

□ 기술 로드맵 작성에서 가장 어려운 부분은 무엇인가?

(예) 비선형으로 발생하는 창조적 파괴를 예측하기 어렵다.

부록

□ 기술 로드맵은 기술 진화에서 어떤 역할을 하는가?

(예) 기술이 진화하는 방향과 속도를 예측하여 제품 개발과 시장 개척의 지도 역할을 한다.

□ 창조는 반드시 파괴를 동반하나?

(예) 혁신은 기존의 경제 구조를 파괴하고 새로운 가치를 창조한다.

□ 파괴한 후에 창조하지 못하는 경우가 있나?

(예) 기존 방식을 파괴했으나 시장에서 실패하고 새로운 생태계 창조에 실패한 사례는 많다.

□ 창조적 파괴는 어떤 기술에서 흔하게 일어나는가?

(예) 한계에 도달한 기술을 대체 기술이 파괴하는 방식으로 창조적 파괴가 흔하게 일어난다.

□ 창조적 파괴는 기술 진화에서 어떤 역할을 하는가?

(예) 기존 기술을 파괴하고 새로운 가치를 창조하며 기술을 비선형으로 진화시키는 역할을 한다.

□ 창조적 파괴를 예상할 수 있나?

(예) 한계에 도달한 기술과 대체 후보 기술을 탐색해서 예상한다.

□ 기술 로드맵은 언제 작성하는가?

(예) 기술이 성숙기에 들어서면 기술 로드맵을 작성한다.

□ 기술 로드맵은 언제 갱신하는가?

(예) 기술이 진화하거나 시장이 확장되는 결과에 따라 내용을 갱신한다.

□ 기술 로드맵은 몇 년 후 미래까지 포함하는가?

(예) 단기 5년, 중기 10년, 장기 15년으로 구분하여 기술 로드맵을 작성한다.

□ 기술 고정화의 위험을 해결하는 방법은 무엇인가?

(예) 현재 기술만 고집하지 말고 새로운 기술을 적절한 시점에 도입한다.

□ 기술 다각화의 위험을 해결하는 방법은 무엇인가?

(예) 기존 기술과 시너지 효과가 없는 신기술 도입을 신중히 검토하고 기회비용을 고려한다.

□ 미래 기술을 예측하는 목적은 무엇인가?

(예) 창조적 파괴가 가능한 경로를 예측하여 경영전략을 수립한다.

□ 미래 기술을 예측한 후에는 무엇을 하나?

(예) 기술 로드맵을 작성하고 단계별 대응 전략을 수립한다.

□ 미래 기술을 가장 잘 예측하는 주체는 무엇인가?

(예) 델파이 기법을 활용한 다양한 분야의 전문가 그룹이 주류다.

부
록

□ 미래 기술이 예측대로 진화하지 않는다면 이유는 무엇인가?

(예) 비선형적인 창조적 파괴, 드물게 발생하는 큰 변화, 환경의 급격한 변화가 예상된다.

□ 미래 기술을 예측하려면 어떤 노력이 필요한가?

(예) 델파이 기법, 시나리오 플래닝, 트렌드 분석, 특허 분석, 환경 스캐닝 등을 한다.

□ 유스 케이스는 언제 작성하는가?

(예) 특허를 출원한 후에 기술을 어디에 어떻게 활용할지 구체적 방법을 제시하기 위해 작성한다.

□ 유스 케이스 작성에서 가장 어려운 점은 무엇인가?

(예) AI 기술을 모르는 경영자나 업무 담당자도 이해할 수 있도록 쉽게 작성하기 어렵다.

□ 유스 케이스는 언제 갱신하는가?

(예) 기술 진화와 시장 변화에 따라 갱신해야 한다.

□ 유스 케이스를 공유하는 범위는 어디까지인가?

(예) 업무 담당자를 중심으로 조직에서 특허를 활용해야 하는 모든 관련자가 공유한다.

□ 유스 케이스를 폐기하는 기준은 무엇인가?

(예) 특허를 포기하거나 기술이 진부화되어 경제적 가치가 없을 때 폐기한다.

□ 1차 IP는 얼마나 보유하고 있나?

(예) 개별 조직에서 실제로 보유한 현황을 집계한다.

□ 2차 IP는 얼마나 보유하고 있나?

(예) 개별 조직에서 실제로 보유한 현황을 집계한다.

□ 1차 IP와 2차 IP는 상호 연결되나?

(예) 기술에서 시장으로 연결하기 위해 상호 연결되어야 한다.

□ 지식재산 패키지를 어떻게 활용하는가?

(예) 기술에서 시장까지 연결하는 가장 든든한 자원으로 활용한다.

____

____

□ 지식재산 패키지 내용이 충분한지 어떻게 판단하나?

(예) IP 현황을 분석하여 개별 특허의 강점과 약점을 평가한다.

____

____

□ 특허의 신규성과 진보성은 무효심판에 버틸 만큼 강력한가?

(예) 예측 불가능한 효과와 충분한 실시예가 있어야 한다.

____

____

□ 상대방 제품이나 서비스는 특허 청구범위의 모든 요소를 침해하는가?

(예) 모든 요소 충족 원칙에 따라 청구항에 기재된 모든 구성 요소가 제품에 포함되는지 확인한다.

____

____

□ 특허권 침해를 입증하기 위해 증거를 확보할 수 있나?

(예) 하드웨어는 쉽게 확인할 수 있으나 AI 알고리즘과 소프트웨어는 증거 확보가 어렵다.

□ 소송의 시간과 비용을 감당할 수 있나?

(예) 특허 분쟁 해결을 위해 협상, 조정, 중재, 민사소송, 무효심판 등 다양한 방법이 있다.

□ 소송에 따른 시장의 반응은 어떻게 예측하는가?

(예) 특허 침해 소송은 경쟁자 배제와 시장 지배력 강화에 활용된다.

□ 기술 사업화를 추진하는 과정에서 가장 큰 어려움은 무엇인가?

(예) 기술에서 제품까지 죽음의 계곡과 시장 진입 후 다윈의 바다를 건너기 어렵다.

□ 기술이 뛰어나면 사업화 성공률이 올라가나?

(예) 기술이 뛰어나도 실용성과 가격 경쟁력이 없으면 시장에서 실패한다.

□ 조인트 벤처 대상으로 선택하기 좋은 기업의 조건은 무엇인가?

(예) 특허권자는 기술을 제공하고 사업 파트너는 자본을 제공하여 시너지 효과를 창출한다.

□ 기술 라이선스를 제공하면 안 되는 경우는 언제인가?

(예) 기술을 독점하거나 직접 사업화를 추진해서 큰 수익을 낼 수 있으면 신중해야 한다.

□ 기술이전에서 암묵지는 어떻게 제공하나?

(예) 암묵지는 주로 기술자들이 직접 소통해서 제공한다.

□ 암묵적인 특허 동맹에 가입하기 유리한 국가는?

(예) 혁신에서 상위권인 국가가 유리하다.

□ 암묵적인 특허 동맹이 노리는 목표는 무엇인가?

(예) 기술을 독점하고 경쟁자를 배지하며 크로스 라이선스를 통해 로열티를 절감한다.

□ 암묵적인 특허 동맹에서 스스로 탈퇴하는 경우도 있나?

(예) 기업 방침이나 경영 환경이 변하거나 시장 상황이 변하면 자연스럽게 탈퇴한다.

□ 경쟁자와 암묵적인 특허 동맹을 맺을 수 있나?

(예) 경쟁자라도 상호 이익이 있으면 동맹을 맺을 수 있다.

□ 기업이 적절한 숫자보다 더 많이 특허를 출원하는 이유는?

(예) 크로스 라이선스 협상에 유리하며 특허 덤불로 경쟁자의 시장 진입을 막을 수 있다.

부록

□ 당신의 특허를 경쟁자에게 제공할 수 있나?

(예) 개방 전략과 독점 전략을 섞으면 경쟁자에게 특허를 제공할 수 있다.

□ 생태계 확장은 왜 중요한가?

(예) 직간접으로 가치를 창조하며 시장 규모가 확대한다.

□ 당신이 참여하는 커뮤니티가 있는가?

(예) 커뮤니티 참여는 생태계 확장에 중요하다.

□ 당신이 속한 산업에서 사실상의 표준은 무엇인가?

(예) 인터넷의 TCP/IP나 스마트폰의 안드로이드 OS처럼 각 산업에도 사실상의 표준이 있다.

□ 특허로 인한 직접 수익과 간접 수익은 어느 쪽이 더 중요한가?

(예) 직접 수익은 적어도 생태계 확장과 표준화 주도로 얻는 간접 수익이 더 클 수 있다.

□ 호환성이 왜 중요한가?

(예) 호환성이 없으면 제품 사용과 보급이 거의 불가능하다.

□ 사실상의 표준은 어떻게 만들어지는가?

(예) 폴리아 항아리 모델처럼 처음 선택된 기술이 반복 사용되며 시장을 지배한다.

□ 표준은 어떻게 생태계를 확장시키나?

(예) 표준이 정해지면 모든 제품에 호환성이 생기고 많은 기업이 표준을 따른다.

□ 호환성이 없는 제품은 시장에 진입할 수 없나?

(예) 호환성이 없으면 사용에 제약이 커서 시장에서 외면당한다.

□ 사실상의 표준이 된다면 다음 단계로는 무엇을 하나?

(예) 국제표준화 작업으로 표준필수특허를 노린다.

□ 세계 시장에 진입하려면 왜 국제표준이 필요한가?

(예) 호환성을 담보하여 시장 규모를 확대한다.

□ 국제표준특허가 되려면 어떤 절차가 필요한가?

(예) 표준화 활동에 지속적으로 참여한다.

□ 미국에는 왜 표준을 만드는 민간 조직이 많은가?

(예) 세계 시장을 주도하면서 표준의 위력을 이해하기 때문이다.

□ 단독 기업이 만든 국제표준으로 어떤 것이 있나?

(예) MS 윈도우, 어도비 PDF, 구글 안드로이드 등이 있다.

□ AI 국제표준으로는 어떤 것이 있나?

(예) ISO/IEC 42001의 AI 경영시스템이 대표적이다.

□ 어떤 기술을 개방하면 좋은가?

(예) 표준특허로 지정된 특허를 개방하여 기술 사양을 주도하고 시장을 확대한다.

□ 어떤 기술을 독점하면 좋은가?

(예) 표준으로 지정되지 않은 필수 특허나 노하우를 독점한다.

□ 개방과 독점을 동시에 실행할 수 있는가?

(예) 개방 전략으로 표준특허를 공개해 시장을 확대하고 독점 전략으로 노하우를 활용한다.

□ 노하우를 개방하면 어떤 효과가 있나?

(예) 노하우는 독점 전략의 대상이며 개방하면 진입장벽이 낮아져서 경쟁 우위를 잃을 수 있다

□ 경쟁자와 노하우를 공유할 수 있나?

(예) 암묵적인 특허 동맹을 형성한 경쟁자와 노하우를 공유한다.

□ 약한 특허와 강한 특허를 어떻게 판단하는가?

(예) 매출 증가나 원가 절감 등 경영 성과에 기여하는 정도를 판단한다.

□ 방어용 특허인지 공격용 특허인지 어떻게 판단하는가?

(예) 방어용은 핵심 기술을 보호하며 공격용은 시장 점유율을 높인다.

☐ 약한 특허를 대량으로 등록하면 강한 특허가 될 수 있나?

(예) 개별 특허의 가치는 약해도 많이 모으면 특허 덤불로 진입장벽을 만들 수 있다.

☐ 약한 특허인지 강한 특허인지 어느 시점에 알 수 있나?

(예) 제품이 시장에 진입하면 판단할 수 있다.

☐ 약한 특허는 없고 강한 특허만 보유할 수 있나?

(예) 현실적으로 불가능하므로 약한 특허를 강한 특허로 전환하려는 노력이 필요하다.

저자소개

윤태성

도쿄대학교에서 'AI를 활용한 지능형 기계설계' 연구로 공학박사 학위를 취득하고 도쿄대학교 조교수를 역임했다. 이후 도쿄에서 소프트웨어 벤처를 직접 창업하고 경영하며 기술과 경영이 만나는 최전선에서 몸소 부딪히고 배우며 성장했다. 현재 KAIST 기술경영전문대학원에서 〈인공지능 특허 전략〉 강의를 통해 AI 시대의 발명, 특허, 사업화 전략을 전수하고 있다.

본서 《AI 특허전략》은 강의 현장에서 수년간 다듬어진 실전 노하우와 통찰을 정리한 결정판이다. 발명가와 연구자가 쉽게 이해하고 바로 적용할 수 있도록 구체적이고 상세하게 설명한다. 좋은 발명은 일상 속 불편과 불만에서 시작된다. 좋은 특허는 그 발명을 세상에서 가장 넓고 단단하게 지켜 주는 울타리다. 본서는 아이디어가 발명으로 이어지고 발명이 특허로 변신하는 과정에 이어 특허가 가치와 영향력을 만드는 과정까지 발명가의 눈높이에서 풀어낸다.

저자는 기술이 바꿔 놓을 미래를 상상하고 그 미래를 글로 생생하게 그려 내는 일을 평생의 즐거움으로 삼고 있다. 주요 저서로 《AI 이후의 경제》, 《AI 매니지먼트》, 《기술 전쟁》, 《과학기술은 어떻게 세상을 바꾸는가》, 《미라클 씽킹》, 《월급보다 내 사업》, 《탁월한 혁신은 어떻게 만들어지는가》, 《고객은 독이다》, 《한 번은 원하는 인생을 살아라》, 《지식 비즈니스가 뜬다》, 《막강 데이터력》 등이 있다.

AI 특허전략

초판발행 2026년 1월 30일

지은이 윤태성
펴낸이 안종만·안상준

편 집 김용순
기획/마케팅 최동인
표지디자인 BEN STORY
제 작 고철민·김원표

펴낸곳 (주) 박영사
서울특별시 금천구 가산디지털2로 53, 210호(가산동, 한라시그마밸리)
등록 1959. 3. 11. 제300-1959-1호(倫)
전 화 02)733-6771
f a x 02)736-4818
e-mail pys@pybook.co.kr
homepage www.pybook.co.kr
ISBN 979-11-303-9908-9 03360

정 가 22,000원